Compliance Descomplicado, um guia simples e direto sobre Programas de Compliance

Por Alexandre da Cunha Serpa, CCEP, CFE

Prefácio

A ideia deste livro me ocorreu quando realizava pesquisas para um dos cursos de formação de profissionais de Compliance em que leciono.

Algo que percebi durante estas pesquisas foi a disponibilidade de muitos materiais sobre muitos dos temas relacionados a programas de compliance, mas sem haver muitos materiais que sintetizem os assuntos em um nível que não seja totalmente básico, mas que também não se exceda em detalhes que podem não ser necessários, ou de interesse, de um profissional que quer apenas entender o que são os programas de Compliance, ou que necessita de informação organizada para que possa dar os primeiros passos no tema.

Assim, decidi que eu poderia usar de uma característica minha que é a de simplificar assuntos que parecem complexos, adicionar a ela um prazer que é o de disseminar as ideias básicas do tema, e escrever esse guia de referência.

Não tenho a pretensão de ensinar nada a ninguém, apenas de compartilhar algumas experiências, visões e opiniões sobre o tema. Tampouco, tenho a intenção de esgotar o tema ou de detalhar e discutir todas as facetas de cada tópico.

O texto está mais ou menos organizado em ordem de temas que respeita o modelo mais tradicional de programas de compliance, mas vez ou outra um tema, aparentemente, desconexo será discutido.

Antes de entrar nos temas técnicos, gostaria de enfatizar alguns pontos que considero os mais importantes em relação ao profissional de compliance:

1. Respeite a todos sempre
2. Trabalhe todos os dias para se tornar dispensável
3. Lembre-se que compliance é sobre pessoas
4. Ajude, ajude, ajude a seus colegas de trabalho

5. Ser um profissional de compliance é um trabalho 24/7, você não pode ser uma pessoa diferente fora do trabalho no que tange a integridade e conduta

Sinta-se à vontade para me contatar pelo https://br.linkedin.com/in/alexandreserpa

Todas as opiniões aqui apresentadas são minhas e não refletem aquelas dos, nem são endossadas por, meus empregadores.

Agradecimentos

Gostaria de agradecer às seguintes pessoas que de uma forma ou outra tiveram um papel na formação do profissional de compliance que sou hoje. A eles não cabem nenhuma das minhas incorreções, incongruências, exageros ou divagações.

A meus pais, minha esposa e meu filho por terem plantado a semente de um bom profissional de Compliance e de me fazerem, todos os dias, exercitar essa veia com ações.

Pela Novartis Internacional a Ann Bacon, Elke Baumann, Liz McGillivray, Sarah Ross, Annie Bourgault, Giuseppe Falbo, Luis Reveiz, Elda Orozco, Maija Burtmanis e Carlos Lannardone.

Pela Novartis Brasil a Milton Amoroso, Nelson Mussolini, Andre Feher, Isabella Sá, Sara Ramos, Elaine Bernardino e Ricardo Potenza.

Pelo aprendizado, discussões, convivência e vivência na área e nas ações de treinamento e formação de novos profissionais a Shin Jae Kim, Renata Muzzi, Giovanni Falcetta, Daniel Sibille, Fernando Palma, Wagner Giovanini, Alessandra Gonsales, Carlos Ayres, Claudio Scatena, Salim Saud Neto, Gustavo Lucena e Karlis Novickis.

Pela CVS a Tom Pawlik e Milan Stankovich.

Sumário

O que é, e o que não é Compliance

Comecemos pelo básico, que é o entendimento do que é e, talvez mais importante, do que não é Compliance.

O termo Compliance está, definitivamente, na moda e, por consequência, vem sendo muito utilizado de formas muito variadas, algumas corretas e muitas incorretas. Uma busca simples no Google mostra como o termo vem sendo, proporcionalmente, mais e mais utilizado desde os anos 1900:

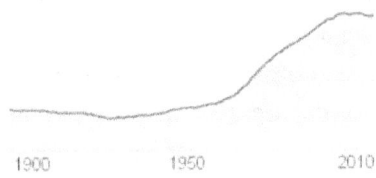

Em primeiro lugar é importante relembrar que Compliance é apenas um substantivo da língua inglesa que, de fato, além de ser deveras vago, nada explica e muito deixa aberto ao mau uso do termo. Não somente é um termo vago como também é um termo incompleto no sentido de que é uma apenas a simplificação do termo correto que é **"Programa de Compliance"**.

Assim, ficamos com o primeiro fato do livro: o termo "Compliance" não descreve corretamente aquilo que é o objeto de trabalho de um profissional de Compliance, ou de um *Compliance Officer*.

O objeto de nosso trabalho é o "Programa de Compliance". Um "programa" é algo organizado, composto de diversos componentes, que interage com outros componentes de outros processos e outros temas, algo que depende de uma estrutura mais complexa que inclui pessoas, processos, sistemas eletrônicos, documentos, ações e ideias.

Quais são estes componentes? Em breve discutiremos cada um deles.

[Programa de] Compliance não é tampouco uma forma de evitar que funcionários da empresa sejam presos, isso é tarefa de advogados criminalistas e seus habeas-corpus.

Outra coisa que gosto sempre de frisar é que programas de compliance **não são *sobre as leis*, mas sim *sobre querer seguir as leis***. Essa diferença ficará mais clara à medida que prosseguirmos no texto, mas pode ser entendida com a analogia simples de uso do cinto de segurança no banco traseiro dos veículos. Todos sabem que é lei, mas muitos não cumprem. Cada um tem seu motivo para o descumprimento – ou como diz a teoria de fraudes, cada um terá a sua ´racionalização´, ou desculpa, para o descumprimento – mas todos sabem claramente que estão descumprindo a lei, e fazem isso de forma consciente e racional. Então você não precisa de um programa que vise explicar qual é a lei, mas sim de um programa que vise fomentar a vontade, ou a necessidade, de se seguir a lei. Por vezes uma forma de fomentar o seguimento da lei é a pena/ multa/ sanção – mas eu não sou a favor de utilizar esta forma de convencimento dentro de uma empresa.

E, por fim, programas de compliance não são apenas programas anticorrupção como pode dar a entender o que vem sendo manchete de jornais e muitos artigos, conferências e ventos sobre o tema. Vejam o recente escândalo da Volkswagen que é sim relacionado a programas de Compliance, mas que nada tem a ver com [anti]corrupção.

Falemos então do que, de fato, é Compliance, ou melhor "Programa de Compliance".

Voltando um pouco no tempo temos a criação, pela *United States Sentencing Commission* do governo americano, do *Federal Sentencing Guidelines* que visava eliminar as grandes disparidades nas sentenças determinadas por juízes americanos. O guia traz, de maneira simplista, fórmulas de cálculo das sentenças baseadas no tipo de conduta, em agravantes e atenuantes. O que, especificamente, nos interessa nos *Federal Sentencing Guidelines* é que a existência de um "*effective*

Compliance and ethics program" é um dos atenuantes bastante relevantes para efeito de cálculo de sentenças de organizações.

De forma simples, direta e um pouco cínica, podemos então entender que os primeiros programas de compliance foram implementados como uma forma de as empresas tentarem diminuir suas penas quando fossem pegas em atos criminosos ou ilícitos. Felizmente, essa forma simplista de se encarar o tema – que deu origem ao termo "Programa de Compliance de Papel" (*Paper Compliance Program*), que denota um programa de compliance puramente desenhado 'para inglês ver', sem nenhuma aplicação prática e que nada é além de um apanhado de pedaços desconexos de políticas e procedimentos totalmente desalinhado das boas práticas e das efetivas realidades da empresa - já está em declínio total e, atualmente, as empresas estão tendo uma conduta mais séria em relação aos programas de Compliance.

Vejamos então o que, de acordo com o *Federal Sentencing Guidelines* [1], é considerado com um Programa de Compliance efetivo:

§8B2.1. Effective Compliance and Ethics Program

(a)To have an effective compliance and ethics program, ..., an organization shall—

(1)exercise due diligence to prevent and detect criminal conduct; and

(2)otherwise promote an organizational culture that encourages ethical conduct and a commitment to compliance with the law.Such compliance and ethics program shall be reasonably designed, implemented, and enforced so that the program is generally effective in preventing and detecting criminal conduct. The failure to prevent or detect the instant offense does not necessarily mean that the program is not generally effective in preventing and detecting criminal conduct.

Podemos agora dar uma definição mais formal do que é um Programa de Compliance [e Ética] efetivo:

UM PROGRAMA PELO QUAL UMA ORGANIZAÇÃO CONSIGA PREVENIR E DETECTAR CONDUTAS CRIMINOSAS/ ILEGAIS E, TAMBÉM, PROMOVER UMA CULTURA QUE ENCORAJE O CUMPRIMENTO DAS LEIS E UMA CONDUTA ÉTICA.

Limitações

Cabe citar que como outras metodologias, ferramentas e frameworks de controles, um programa de compliance nos dá apenas "razoável segurança" de que as leis estão sendo cumpridas (vide acima o último parágrafo do item "§8B2.1. *Effective Compliance and Ethics Program*" do *Federal Sentencing Guidelines*) e, em relação a isto, gostaria de citar aqui um trecho do Guia de Compliance Concorrencial[9] do CADE que entendo ser um dos textos mais sóbrios, especialmente pela frase que grifei em letras maiúsculas abaixo, já escritos sobre compliance:

> *O mais elementar sobre o funcionamento de um programa de compliance concorrencial [ou qualquer outro] é compreender que* **sua adoção não garante que não ocorram violações** *à LDC 15 [ou outras leis]. Mais que isso,* **SE O PROGRAMA FUNCIONAR DE MANEIRA EFICIENTE, SIMPLESMENTE NENHUM EFEITO SERÁ PERCEBIDO,** *afinal o que se procura é que o ambiente concorrencialmente probo seja promovido e preservado e, assim, as operações normais da empresa sigam seu curso. Por outro lado, a grande vantagem se apresenta caso infrações de fato ocorram: o programa permite a sua rápida identificação e a tomada de providências pela empresa. Ou seja, não obstante as limitações inerentes à lógica do compliance.*

O que compõem um Programa de Compliance efetivo

Anteriormente citei que um Programa de Compliance é: *algo organizado, composto de diversos componentes, que interage com outros componentes de outros processos e outros temas, algo que depende de uma estrutura mais complexa que inclui pessoas, processos, sistemas eletrônicos, documentos, ações e ideias.* Também citei que iríamos discutir os componentes do programa.

Então listo a seguir os componentes, ou pilares, mínimos de um programa de compliance de acordo com os requerimentos do *Federal Sentencing Guidelines* (detalhes a seguir são baseados, mas não são transcrição exata do item §8B2.1.b dos guidelines) [1]:

1. Avaliação de riscos e determinação de respostas aos riscos
2. Definição de políticas e procedimentos
3. Suporte da Alta Administração
4. Comunicação e treinamento
5. *Due diligence* de terceiros
6. Monitoramento, e auditoria, do funcionamento do programa
7. Disponibilização de um mecanismo para reporte ou auxílio, de forma anônima e/ ou confidencial, em relação a condutas, ou suspeitas de condutas, criminosas
8. Investigação de, e respostas para, condutas inconsistentes com os objetivos do programa
9. Melhoria contínua (reiniciar o ciclo a partir do item 1)

Aqueles já acostumados com o COSO[2] poderão neste momento achar que existe uma certa similaridade entre os pilares do programa de compliance com o framework do COSO e, sem dúvida, estarão corretos. Não somente é o COSO um modelo abrangente de gestão de riscos e controles internos, como ele também, e de forma clara, inclui o item Compliance (ou conformidade) como um de seus Objetivos (vide a face superior do cubo do COSO, onde o objetivo Compliance está acompanhando os objetivos Estratégico, Operações e Relatórios Financeiros).

Cada um destes componentes, ou pilares, será discutido em mais profundidade nos capítulos seguintes.

Uma outra característica de um programa de compliance efetivo é a de que o programa não pode ser isolado dentro da área, ou departamento, de compliance. O programa depende de todos os funcionários da organização para funcionar – na verdade o programa depende muito mais de todos os outros funcionários da organização do que depende dos funcionários da área de compliance.

O que quero dizer é que, independentemente de tudo o que a área de compliance possa fazer ela não é nem onisciente nem onipresente, e cada um dos funcionários da empresa é que acaba diariamente, e em cada uma de suas ações, cumprindo ou descumprindo as leis, regras e regulamentações existentes. São essas ações que, no final das contas, ditam o sucesso de uma empresa em ser cumpridora das leis e em ter ou não um programa de compliance efetivo.

Assim, se faz oportuno citar aqui que a área de compliance depende muito do suporte e das ações de todas as outras áreas da organização, mas muito mais direta e claramente das áreas de controle (como finanças e auditoria), da área jurídica e das áreas de recursos humanos e treinamento, pois são estas áreas que suportam, de forma direta, a implementação e o funcionamento dos pilares de um programa de compliance citados acima.

DIVAGAÇÃO: Qual é a verdadeira função de um profissional de compliance – ou Compliance Officer

Antes de entrar no detalhamento técnico dos pilares de um programa de compliance eu gostaria de apresentar o que é a MINHA resposta para a pergunta "**Qual é a verdadeira função, ou responsabilidade, de um Compliance Officer?**"

Esta é uma pergunta que já fiz a mim mesmo, e que, também, discuti com colegas de profissão, por muitas e muitas vezes, e, enquanto a resposta técnica para isso é bastante simples e pode ser facilmente encontradA, é a resposta não-técnica que mais me interessa.

Para deixar as partes fáceis da discussão para trás, a resposta técnica padrão e [aceita como] correta para a questão é que *o papel de um Compliance Officer é gerenciar e operacionalizar o Programa de Compliance de uma empresa*, e ponto. Executar o Programa Compliance engloba garantir que todos os componentes necessários, ou pilares, do programa são devidamente projetados, que tenham recursos suficientes, que são parte integrante das operações de rotina da empresa, que têm uma supervisão adequada, que contam com o apoio da alta administração e que são compreendidos por toda a empresa.

Importante citar que **NÃO É** o papel do Compliance Officer ser o único responsável pelo cumprimento de todas as leis e regulamentações aplicáveis -- pois esta responsabilidade é compartilhada com todos os outros funcionários da empresa, tampouco, é papel do Compliance Officer ser o norte moral, ou ético, da empresa. O Programa de Compliance não é um culto que tem um líder a ser seguido apenas por uma questão de 'cumprir' com o comportamento esperado. Nenhum Compliance Officer consegue assegurar que todos sigam as regras, pois esta é uma decisão de foro pessoal de cada funcionário da empresa, e nenhuma política, nenhum controle interno, nenhum sistema por si só mudará este fato.

Posto que comecei essa discussão afirmando claramente que estou interessado na resposta não-técnica à pergunta, vamos a ela. Nós todos sabemos que ser um [bom] Compliance Officer não é uma tarefa para aqueles que apenas procuram um trabalho das nove às cinco. Olhe em torno de si mesmo e escolha os exemplos de bons profissionais de compliance que você conhece, ou conheceu, e você vai encontrar um traço comum em todos os indivíduos: Eles geralmente estão pessoalmente empenhados em sua profissão e são pessoas que gostam de discutir ideias e de entender pontos de vista diferentes.

Ser um bom Compliance Officer requer mais do que apenas garantir que um conjunto de processos de negócio (o Programa de Compliance) está em execução - isso pode ser feito por qualquer pessoa com conhecimentos básicos em uma metodologia de processo de negócios – é necessário um nível de comprometimento pessoal de se fazer a coisa certa todo o tempo, é preciso um alto grau de empatia pelas pessoas, é necessário que se seja livre de preconceitos para com os outros, é preciso aprender a aceitar que pequenas batalhas serão perdidas -- a fim de ganhar a guerra -- e é preciso saber que o mal será sempre parte da natureza humana.

Ser um bom Compliance Officer é sobre como planejar e agir para mudanças de longo prazo e não apenas realizar exercícios *check-the-box* de curto prazo. É preciso, também, saber colaborar com todos os outros departamentos de uma empresa, pois o Compliance Officer pode, e deve, sempre procurar maneiras mais simples, mais baratas e melhores de fazer as coisas. Por fim, o Compliance Officer precisa construir uma relação de confiança com todas as outras pessoas, pois os indivíduos em uma empresa precisam saber que podem contar com o, e confiar no, Compliance Officer quando surgirem dificuldades.

Para encurtar a história: **Eu acredito que ser um bom Compliance Officer é sobre ajudar os outros a encontrar as ferramentas certas,** informação, recursos e conselhos para que eles possam fazer as escolhas certas e, no final do dia, eles mesmos fazerem a coisa certa [e, por fim, terem sucesso em seus papéis].

Será que ter um monte de conhecimento técnico é importante para o Compliance Officer poder fazer tudo isso bem feito? Sim.

Será que basta ter o conhecimento técnico? Não.

Para resumir:

Um bom Compliance Officer é alguém disposto a ajudar os outros!

E essa é nossa função.

Os verdadeiros Compliance Officers de uma empresa são todos, e cada um dos, seus funcionários. A cada ação de cada pessoa que trabalha na empresa é que o programa de compliance acontece ou não.

Agora vamos para as definições técnicas sobre os pilares do Programa de Compliance.

Avaliação de riscos e determinação de respostas aos riscos

Você jogou na loteria. Há o risco de você ganhar?

NÃO!

Não existe tal coisa como o "risco" de se ganhar na loteria. O que existe é a "possibilidade" de se ganhar. O risco é NÃO ganhar. O uso da palavra "risco" como sinônimo para "possibilidade" é uma confusão conceitual. Além disso, dizer que há risco "positivo" é completamente leigo e incorreto.

Para evitar divagações filosóficas – incorretas em sua maioria - vamos então definir formalmente (vide COSO[2] para mais detalhes) o que é risco antes de prosseguirmos:

> **Riscos são eventos com impactos negativos no atingimento de um objetivo. Riscos são eventos potenciais, não certos.**

Ou seja, é preciso sempre definir – e entender - **objetivos** antes de se falar em riscos, pois os riscos somente existem se estiverem ligados a um objetivo, e somente no âmbito dos objetivos podemos discutir os riscos de uma empresa. Como os riscos são eventos potenciais, temos que levar em conta a nossa incapacidade de prever, com exatidão, sua ocorrência.

Riscos Inerentes e Riscos Residuais

É importante, para a compreensão da realidade de um processo de análise de riscos, explicar a diferença entre riscos INERENTES e riscos RESIDUAIS:

Riscos Inerentes: São os riscos naturais – inerentes – das operações, produtos, mercados e momento das empresas, SEM se levar em conta as ações de gestão de riscos, como os controles. Ou seja, são os riscos a que a empresa está exposta apenas por existir e por realizar suas operações.

Riscos Residuais: São os riscos inerentes já com a aplicação das ações de gestão de riscos e controles (poderíamos chamá-los de riscos "líquidos").

O motivo de a diferenciação acima ser importante é que, normalmente, quando se discute o tema de riscos com profissionais das empresas estes tendem a ter uma visão um pouco limitada apenas aos riscos **residuais**, quando na verdade estamos identificando os riscos **inerentes**. E entender essa diferença faz a discussão ser mais efetiva e mais rápida. Também evita que os gestores pulem direto para o *"Minha área não tem nenhum risco!"*. Ou o *"Não! Esse risco não existe pois eu, pessoalmente, checo para evitar que aconteça algo assim!"* (essas são afirmações referentes a riscos residuais).

Outras definições importantes quando tratamos com riscos são o Grau de Risco e as Estratégias de Gestão de Risco, que veremos a seguir.

Grau de Risco

É a medida do tamanho, ou da relevância, do risco e é, normalmente, o resultado do produto PROBABILIDADE DE OCORRÊNCIA x IMPACTO [FINANCEIRO]. Um risco é, comumente, classificado em uma escala de ALTO, MÉDIO e BAIXO.

Apenas como exemplo didático, imagine que você está medindo o grau de riscos ligados a seu carro, especificamente os riscos de ter o carro roubado, de receber um arranhão na lateral do carro e o risco de um pneu furado. Então o risco de ter o carro roubado pode ser classificado como ALTO, pois é algo razoavelmente provável de ocorrer, e que tem um impacto bastante relevante. Já o risco de receber um arranhão na lateral do carro é MÉDIO ou BAIXO, pois apesar de a probabilidade de isso acontecer ser alta, o impacto é baixo. E o risco de ter o pneu furado seria BAIXO dado que o impacto é bastante pequeno e a probabilidade de ocorrer também.

Como o exemplo acima ilustra, e como você mesmo já deve ter pensado, podemos discutir a classificação de cada um destes riscos por séculos, pois você pode me dizer que o risco de um pneu furado é médio e não baixo, e, talvez, você esteja certo. Mas concordamos que ele é menos relevante que o risco de ter o carro roubado, correto? Então chegamos a uma mensagem importante deste capítulo que é:

Não se apegue demais à classificação individual de cada risco identificado durante esta etapa, pois o mais importante é a classificação RELATIVA de um risco em relação a outro.

Como temos recursos escassos em nossas empresas e em nossos programas de compliance, é muito importante – se não o mais importante – definir a priorização dos riscos. Pois, com os riscos priorizados poderemos planejar a aplicação dos nossos recursos no tratamento daqueles riscos que são os mais relevantes para a empresa em um dado momento.

Depois de se ter identificado a quais riscos a empresa está exposta, e de os termos priorizado, caberá a definição do que fazer em relação a cada um dos riscos e para isso devemos escolher entre as diferentes estratégias de gestão de riscos.

A cada risco identificado e mensurado cabe definir a estratégia a ser adotada para lidar com o risco. Há cinco estratégias básicas que serão selecionadas com base no grau do risco, no nível dos recursos da empresa e no **apetite de risco da empresa.**

Cabe aqui um desvio do tópico em discussão por um breve segundo para esclarecer que o apetite de risco é da EMPRESA e não dos gestores da mesma. É muito comum que gestores bradem "eu assumo o risco", como se isso bastasse para tomarmos uma decisão questionável ou que não se alinha com os objetivos de longo prazo da empresa.

O apetite de risco da empresa não é algo definido por um gestor apenas, nem é algo que se discuta em cinco minutos, mas é sim o resultado de discussões mais amplas pelos órgãos de controle da empresa – a diretoria ou o conselho de administração, a depender do tipo de governança adotado.

Em resumo, apetite de risco não é a vontade de algum apostador solitário. Tampouco é a chave para ações imprudentes de algum gestor com mania de herói, ou com vontade de apostar com os recursos dos donos da empresa.

São as seguintes as estratégias de gestão de riscos:

- **Aceitar o risco** – ou seja, não fazer nada. Quando o risco se materializar apenas lidaremos com as consequências do mesmo. Normalmente esta estratégia é aplicada a riscos de grau [inerente] baixo, ou a casos em que qualquer estratégia aplicada teria um custo muito maior que o custo da materialização do risco.

- **Eliminar o risco** – ou seja, eliminar toda e qualquer possibilidade do risco vir a se materializar. A única forma possível de se eliminar um risco é eliminando-se a fonte do risco, ou seja, elimina-se a operação que traz o risco. Essa estratégia é bastante radical e raramente utilizada.

- **Controlar, ou mitigar, o risco** – ou seja, aplicar mecanismos para que se diminua o grau de risco inerente para níveis aceitáveis. Esses 'mecanismos' são o que normalmente chamamos de controles. Lembre-se que todo controle tem um custo – sejam custos financeiros (implementação de um sistema, por exemplo) ou custos relacionados ao tempo de execução dos processos (a inclusão de uma etapa de aprovação prévia a uma tarefa, ou a revisão por pessoa independente) – de forma que a definição de quais, e quantos, controles serão implementados deverá ser realizada com muito critério a fim de se evitar que o controle custe mais que o risco (ou seja, a relação custo/ benefício deve ser correta).

- **Transferir o risco** – ou seja, fazer um seguro, que é simplesmente passar o custo do risco para uma terceira parte, que, comumente, cobrará um prêmio por aceitar este risco – importante citar que fazer seguro não muda o grau do risco, apenas diminui o prejuízo em caso de materialização.

- **Explorar o risco** – essa estratégia é acadêmica e de difícil implementação prática. Portanto vou "pular" a mesma.

Processo de levantamento, avaliação e documentação dos Riscos

Passadas as definições acadêmicas, podemos discutir o "como" realizar a avaliação dos riscos na prática. Há diversas metodologias, das mais simples às extremamente complexas, mas mais importante do que a metodologia escolhida – que eu sugeriria ser uma simples - é colocar alguém que tenha familiaridade, e um mínimo de experiência, com o tema para gerir o processo de levantamento de riscos.

Essa pessoa deverá conversar/ entrevistar os diversos *stakeholders* relevantes para as operações da empresa. É interessante envolver, ao menos, os diretores e os gerentes de primeira linha das operações da empresa. Com eles deverão ocorrer reuniões, preferencialmente individuais, durante as quais os gestores poderão discutir o que pensam de suas operações e quais os riscos relevantes para o programa de compliance. Deixe a conversa fluir, não tenha preconceitos sobre as operações de cada gestor e, especialmente, não deixe a sua impressão pessoal quanto ao gestor influenciar o que você pensa sobre os riscos de sua área (tendemos a ver um grau maior de risco na área daquele gestor em que não confiamos muito).

Lembre-se, e relembre a seus entrevistados, que o foco de seu levantamento são os **riscos de conformidade a leis e regulamentações** (internas e externas) aplicáveis – aqui cabe citar que uma das fases do levantamento dos riscos é se identificar as regulamentações e leis que são aplicáveis a suas operações -- e que seu foco não é discutir riscos financeiros nem riscos de eficiência operacional que são escopo de outras áreas da empresa. Contudo, se sua empresa já tem uma experiência e uma disciplina de gestão riscos é muito provável que outras áreas de controle já realizem levantamentos de riscos. Em sendo este o caso, é importante você avaliar se o exercício de levantamento de riscos de compliance se beneficiará, ou se será prejudicado, caso se realizem os levantamentos simultaneamente. Ao tomar a decisão leve em conta os pontos positivos – que passam por se aproveitar melhor o tempo dos gestores da empresa e por se utilizar de uma metodologia já conhecida por eles – e os pontos negativos – que seriam, por exemplo, a divisão do tempo, e do processo mental, dos gestores com mais de um assunto simultaneamente, o que pode deixar os riscos de compliance em segundo plano, como também o potencial gasto de tempo com entrevistas de áreas que não seriam escopo natural do programa de compliance.

Converse com as outras áreas de controle da empresa – como auditoria interna, controles internos, qualidade, segurança etc – para identificar tendências de períodos anteriores, para entender o que os deixa acordados à noite e, não menos importante, para entender se há alguma sobreposição de riscos que pode ser tratada de forma única. Não esqueça de conversar com seus pares de outras empresas da mesma indústria.

Para um bom exercício de identificação de riscos nunca esqueça de considerar todas as fontes possíveis de riscos, como o risco do país em que se encontram as operações da empresa – olhe, por exemplo, o Corruption Perception Index da Transparência Internacional[6] -, o risco da indústria em que sua empresa atua está em foco para os agentes reguladores (como é o caso recente da indústria de construção e de petróleo), os riscos dos produtos ou serviços, das operações, dos modelos de negócios etc.

Finalmente, e como é de extrema importância para todos os pilares do seu Programa de Compliance, **DOCUMENTE** os resultados do levantamento de riscos e os torne oficiais por meio de, ao menos, uma apresentação à Alta Administração da empresa.

Lembre-se que você não precisa de pirotecnia para fazer essa documentação e apresentação. Um conjunto de slides simples e direto, que explique como foi realizado o processo, quem participou, o que foi identificado e qual é a priorização dos riscos para o ano seguinte (e, em sendo possível, para os próximos três anos) basta.

IMPORTANTE: Atualmente, muito se fala, se escreve e se propagandeia, em Compliance Anticorrupção, dando-se ênfase exacerbada às leis relacionadas ao tema – FCPA[3], UKBA[4], Lei 12.846[5] – mas lembre-se que o tema anticorrupção é apenas um dentre tantos que são relevantes para um Programa de Compliance.

Alguns outros temas relevantes que devem ser considerados sempre – em menor ou maior grau, a depender da realidade da empresa, da indústria em que atua, do momento em que está de seu ciclo de vida, do ambiente em que está situada etc – são:

- Cumprimento do arcabouço regulatório, especialmente se a empresa atua em ambiente regulado
- Leis da concorrência livre
- Saúde, Ambiente e Segurança
- Leis trabalhistas
- Aspectos de assédio e discriminação
- Leis ambientais

Para encerrar esse tópico creio que vale reproduzir aqui a definição do que é gerenciamento de riscos de acordo com o COSO[2] (grifos meus):

> *O gerenciamento de riscos corporativos é um PROCESSO conduzido em uma organização pelo conselho de administração, diretoria e demais empregados, aplicado no estabelecimento de estratégias, formuladas para IDENTIFICAR em toda a organização eventos EM POTENCIAL, capazes de afetá-la, e administrar os riscos de modo a mantê-los COMPATÍVEL com o *apetite a risco* da organização [e não de indivíduos] e possibilitar garantia RAZOÁVEL do cumprimento dos seus objetivos.*

Definição de políticas e procedimentos

Após a avaliação dos riscos e identificação das regras aplicáveis (leis, regulamentações, códigos de indústria etc) a suas operações, é preciso que se comece a documentar o Programa de Compliance por meio da criação de políticas de compliance.

Essa documentação serve como a formalização *inicial* daquilo que é a *postura* da empresa em relação aos diversos assuntos relacionados a suas práticas de negócios, e será a *bússola* que guiará – em conjunto com as ações e exemplos da alta administração que veremos mais adiante -- seus funcionários para o caminho escolhido pela empresa.

Além disso, será um componente fundamental para evidenciar o compromisso da empresa com o Programa de Compliance, pois qualquer discussão sobre a efetividade de um Programa de Compliance passa pela avaliação da existência, do nível de formalização, da qualidade e do alcance das políticas e procedimentos relacionadas ao programa (importante repetir que um "Programa de Compliance de papel", ou seja, um Programa de Compliance que se sustenta apenas na existência de políticas e procedimentos é uma prática que já não é mais aceita em nenhuma esfera legal ou regulatória).

Não cabe aqui ser determinista em relação à metodologia para criação e manutenção de políticas e procedimentos que cada empresa deverá usar, mas existem aspectos básicos e comuns a todos os tipos de indústria/ empresas que são extremamente relevantes para que um Programa de Compliance seja efetivo e, assim, é importante enumerar que:

1) Um documento do tipo "Código de Conduta" é imprescindível para servir como o ponto de partida e introduzir, de forma simples e direta, para os diversos assuntos componentes do Programa de Compliance;

2) Cada uma das políticas e procedimentos deverá, obrigatoriamente, ser ligada a um tema já constante no código de conduta;

3) Todas as políticas e procedimentos deverão estar disponibilizados em repositório centralizado ou descentralizado - físico ou eletrônico, e deverão estar prontamente disponíveis quando necessárias;

4) A linguagem utilizada nas políticas e procedimentos deverá ser clara, acessível e de fácil entendimento para todos os funcionários da empresa.

Lembrando que a existência de políticas e procedimentos é apenas um dos componentes do programa e deve ser totalmente alinhado com os componentes restantes para que o programa saia do papel e aconteça na prática. Para isso, comunicação, treinamento e monitoramento são imprescindíveis e serão discutidos à frente.

Uma das formas de se pensar sobre "o objetivo" das políticas é que deve **FICAR CLARO PARA O FUNCIONÁRIO - QUE NÃO É UM COMPLIANCE OFFICER - O QUE SE QUER GARANTIR/ EVITAR COM A POLÍTICA, E O QUE É REQUERIDO DELE.**

O Código de Conduta

Vamos iniciar com uma divagação que considero importante (talvez não seja essencial, mas importante) que é a diferença entre código de 'ética' e código de 'conduta'.

Se buscarmos a definição de conduta[10] e ética[11] (na Wikipedia, por exemplo) temos que:

> **Conduta**: é uma manifestação de comportamento do indivíduo
>
> **Ética**: é a parte da filosofia dedicada aos estudos dos valores morais e princípios ideais do comportamento humano perante a sociedade

Como sempre reitero em treinamentos e apresentações, a empresa não pode exigir que o indivíduo mude seus padrões morais (incorretamente chamados de ética) mas pode exigir um certo tipo de COMPORTAMENTO de seus funcionários, ou seja, a empresa deveria ter um código de 'conduta' e não um código de 'ética'.

O Código de Conduta deve, entre outras coisas:

- dar o "norte" aos funcionários da empresa sobre quais os padrões de comportamento esperados deles,
- dar o "chute inicial" para os diversos tópicos do programa de compliance que serão, posteriormente, detalhados em outras políticas,
- estar relacionado a todas as outras políticas do programa, pois se não for possível relacionar uma política do programa de compliance ao código de conduta então o código está incompleto ou a política é desnecessária,

- dar exemplos e explicações; na forma de casos práticos, perguntas e respostas, ou qualquer outra forma que seja adequada a seu público; dos tópicos que não sejam triviais como conflitos de interesses e assédio, por exemplo – **lembre-se que o óbvio não existe,**
- ser escrito em linguagem clara, direta, simples e sem termos complexos, vagos ou dúbios – lembre-se que o mesmo documento serve a diversos públicos diferentes dentro de sua empresa,
- conter a descrição de potenciais sanções em caso de não cumprimento do código de conduta, citando-se o pior caso (demissão por justa causa),
- conter o caminho a ser seguido pelos funcionários em caso de dúvidas (contatar seu superior, a área de compliance, o RH etc),
- reiterar a responsabilidade adicional dos gestores em dar suporte a seus subordinados, ou quaisquer outros funcionários, no entendimento e cumprimento do código,
- ser escrito nas línguas nativas dos países em que as operações da empresa estão localizadas – com as traduções (caso necessárias) realizadas e/ ou revisadas por nativos na língua,
- ser acessível (Acessibilidade) -- se você tem público com necessidades especiais (como deficientes visuais) os documentos devem ser disponibilizados de forma a permitir que todos os leiam (em Braille, por exemplo),
- ser impresso -- e uma via física deve ser entregue a cada um dos funcionários da empresa, ao menos, uma vez ao ano,
- ser ÚNICO para toda a empresa,
- ser revisado periodicamente – mas não exagerar e revisá-lo todo ano.

Em minha opinião os códigos de conduta devem ser documentos bastante simples, claros e curtos para que possam ser entendidos e lembrados por todos (em um texto[12] antigo analisei a possibilidade de o código de conduta ser tão simples quanto as Três Leis da Robótica de Isaac Asimov).

Há diversos códigos de conduta de empresas respeitáveis e de estatura relevante, tanto brasileiras quanto estrangeiras, disponíveis publicamente na Internet para que você consulte. Aproveite esta fonte de informação, leia os documentos, entenda como eles são criados, identifique as boas e as más práticas, e, ao final, use esta informação para auxiliá-lo a escrever o código da "sua" empresa. NUNCA copie um código de conduta de outra empresa.

As boas práticas dizem que os profissionais de compliance deveriam ter uma cópia do código de conduta em suas mesas/ locais de trabalho, e que estas cópias estejam claramente usadas, sujas e com orelhas.

Alguns exemplos muito interessantes de Códigos de Conduta para seu conhecimento:

- Novartis, que possui um código de conduta bastante claro e conciso:

http://www.novartis.com.br/downloads/_codigo_conduta.pdf

- Gerdau, uma multinacional brasileira:

http://ri.gerdau.com/fck_temp/46_1/file/codigo-de-etica-gerdau-port.PDF

- Petrobrás:

http://www.petrobras.com.br/lumis/portal/file/fileDownload.jsp?fileId=8A10550E494F5580014A2ACBE70440E8

As Outras Políticas do Programa de Compliance

Há diversas outras políticas que compõem um programa de compliance e a adoção de cada uma delas depende da realidade de cada empresa – como ramo de atuação, tamanho, estrutura societária, processos de tomada de decisão, processos operacionais, usos de terceiros, grau de envolvimento e negociação com orgãos públicos, grau de regulamentação e de dependência de licenças e permissões etc -- bem como dos riscos identificados.

Apenas como exemplo detalho abaixo a política anticorrupção:

Anticorrupção e Relacionamento com Agentes Públicos

Esta política descreveria seus processos e controles para os temas de FCPA, UKBA, Lei da Empresa Limpa e outras regulamentações potencialmente aplicáveis, e nela estariam contemplados, entre outros tópicos:

- as definições dos termos "corrupção", "agente público", "suborno", "vantagem indevida", "coisa de valor", "terceiros", "intermediários", "consultores", "due diligence"
- a descrição do escopo e dos processos de Due Diligence para contratação de terceiros/ intermediários/ consultores
- a especificação das possibilidades e proibições referentes ao uso de terceiros/ intermediários/ consultores para as atividades de maior risco
- os requerimentos de treinamento para funcionários e terceiros/ intermediários/ consultores de alto risco
- as obrigações e cláusulas contratuais específicas para terceiros/ intermediários/ consultores de alto risco
- as regras específicas quanto a benefícios – presentes, entretenimento – a agentes públicos

Áreas envolvidas na elaboração e manutenção da política: Compliance, Jurídico, Finanças

São políticas que, comumente, compõem um programa de compliance:

- Conflitos de Interesses
- Viagens, Presentes, Hospitalidade e Entretenimento
- Doações e Patrocínios
- Canais de denúncia e Investigações (*de fraudes ou má-conduta*)
- Uso de informações Privilegiadas (Insider Trading)
- Assédio e Discriminação
- Política de práticas de competição leal (Fair Competition)
- Gestão e Retenção de Registros (Records Management/ Retention)
- Trade Compliance
- Controles Financeiros e Registros Contábeis (books and records)
- Saúde, Segurança e Ambiente

Inclua também outras políticas que dependem do ramo de atuação de sua empresa.

Um grupo de políticas que é, normalmente, esquecido é aquele que formaliza os processos e procedimentos do próprio programa de compliance. É muito comum que lembremos sempre das políticas anticorrupção, do código de conduta, mas, raramente, lembramos de criar as nossas próprias políticas, aquelas que irão descrever em detalhes como é que o nosso programa funciona e como cada componente, ou pilar, do programa se relaciona com os demais.

A própria regulamentação da Lei 12.846/2013 cita que para que se conseguir demonstrar a efetividade de um programa de compliance (conformidade) é requerido de uma empresa sob investigação que esta prepare dois relatórios, o de perfil, que descreve as operações da empresa, e o do programa de conformidade, que detalha todo o funcionamento do programa.

Por que esperar ter que demonstrar a efetividade do programa a uma autoridade, no âmbito de uma investigação, para se documentar o programa? Mais uma vez o "tom no topo" pode ser demonstrado com ações simples, como com a área de compliance sendo a primeira a documentar seus processos e procedimentos.

Sendo bastante pragmático podemos começar com a descrição de uma política por pilar do programa de compliance, onde estarão definidos os objetivos e escopo do pilar, as responsabilidades de cada área envolvida, as interfaces com outros pilares do programa e/ ou com outros processos da empresa, os processos e controles relacionados ao pilar.

A cada dia que passa a necessidade de formalização do que fazemos fica mais clara. Quem já tem experiência com controles financeiros, como Sarbanes-Oxley, sabe que 'aquilo que você não consegue demonstrar não foi feito'. A maneira mais simples de começar a demonstrar o que se faz é ter uma documentação formal de como o processo funciona, ou seja, uma política.

Suporte da Alta Administração

O Suporte da Alta Administração pode ser entendido como um dos pilares mais importantes, senão o mais importante, de um programa de compliance, pois, não somente estamos falando de uma questão de alocação de recursos para o programa, mas também das ações e exemplos dos gestores da empresa – em todos os níveis de gestão e não apenas no primeiro escalão.

> *Se você já escutou a expressão "Tone at the Top" então saiba que é aqui que ela se aplica. Mas é importante lembrar que esta é também uma expressão um pouco auto-limitada e já, felizmente, cai em desuso posto que não estamos interessados apenas no "Tom" como também queremos que outros além do "Top" se engagem para o sucesso do programa de compliance.*

De maneira não acadêmica: o Suporte da Alta Administração pode ser entendido de uma forma bastante simples quando se responde à seguinte pergunta: Qual é a forma que a empresa encara o Programa de Compliance?

Se a resposta a esta pergunta for `o Programa de Compliance é apenas uma obrigação` então não existe suporte da alta administração. Mas, em contrapartida, se a resposta passar por se entender que o programa de compliance é necessário para auxiliar a empresa a operar de maneira ética e respeitando as leis aplicáveis e, por consequência, minimizar possíveis danos à imagem, e ao caixa, da empresa, então já temos o primeiro passo na direção certa. Mas apenas o primeiro passo, pois há muito o que é preciso fazer para se poder considerar que existe um efetivo suporte da alta administração. Entre outras coisas é preciso que a alta administração:

Conheça e supervisione o conteúdo e forma de operação de seu programa de compliance

Não basta que os gestores digam que suportam o programa de compliance, eles precisam liderar pelo exemplo e serem os primeiros a entender o conteúdo do programa e as definições relacionadas a ele. Devem ser os primeiros a cumprir os requerimentos do programa – como comparecer a sessões de treinamento – e devem ser uma fonte de esclarecimento de dúvidas dos funcionários em relação ao programa.

Os gestores deverão também garantir que o programa existe de fato e não se limita ao papel. Para isso devem incluir uma revisão periódica do programa de compliance (e seus indicadores) em sua agenda, além de estarem sempre abertos a ouvir o responsável pelo programa quando o mesmo achar necessário.

Defina um responsável – capacitado – pela operação rotineira e pela efetividade do programa

Um programa de compliance somente será efetivo se for gerido em seu dia a dia por uma pessoa capacitada tanto técnica quanto gerencialmente. Um programa de compliance sério e efetivo não começa com a escolha de 'alguém que tenha tempo sobrando', ou 'alguém que não tem nada para fazer'. Também, não é correto se adicionar mais uma atividade a um profissional que já tenha seu tempo disponível tomado por suas atividades profissionais já existentes, pois a sua capacidade de se dedicar, suficientemente, ao programa de compliance será bastante limitada.

Há muitos profissionais capacitados para gerir o programa de compliance tanto dentro quanto fora da sua empresa. Invista um tempo em definir a descrição do cargo deste profissional e avaliar os candidatos.

Lembre-se que não é necessário ser um advogado para se gerir um programa de compliance, pois a grande maioria dos componentes do programa não são relacionadas a entendimento do sistema legal ou das leis (como eu citei no capítulo "O que é, e o que não é 'Compliance'" - *[programas de] compliance não são sobre as leis, mas sim sobre querer seguir as leis*). O profissional responsável pelo programa de compliance será responsável por um processo de suporte de negócios que inclui a definição e o monitoramento de controles internos, a definição de treinamentos, investigações internas e outros tópicos que não são exclusivos da profissão de advogado.

> *Em minha opinião, dizer que o responsável pelo programa de compliance "precisa" ser um advogado pois o programa **é sobre as leis** é análogo a dizer que um motorista de caminhão precisa ser um engenheiro mecânico pois dirigir **é sobre o caminhão**, ou que precisa ser um cartógrafo pois dirigir **é sobre o caminho**, ou que precisa ser um engenheiro civil pois **é sobre as estradas**. Na verdade você precisa de um bom motorista, que pode ser um engenheiro, um cartógrafo, um bailarino, um professor ou qualquer outra profissão.*

> *O mesmo vale para o programa de compliance, você pode ter um advogado, um engenheiro, um psicólogo, um profissional de TI, um auditor. Não importa a formação, mas sim sua capacidade de gerir um processo, e de integrar diversas áreas e profissionais da empresa quando necessário*

(como é o caso de se integrar/ consultar o jurídico quando se for avaliar leis, o RH quando se for definir treinamentos, a Auditoria quando se for realizar monitoramento e assim por diante).

O profissional de compliance precisará, entre outras habilidades:

- demonstrar capacidade de raciocínio crítico para avaliar situações não comuns,
- ser um profissional com boa capacidade de comunicação para poder trazer novos pontos de vista e explicá-los de forma clara,
- ser capaz de tornar simples os assuntos mais complexos,
- ser cético e disciplinado para não presumir os fatos antes de, efetivamente, ter as informações,
- ser um profissional que não toma a saída mais fácil (para si) o tempo todo – ou seja, não pode ser aquele que sempre diz "não" para qualquer situação de risco (antes de, efetivamente, avaliar o risco e discutí-lo com a alta administração),
- ter capacidade de trabalhar sob pressão,
- saber lidar com o novo e com a ansiedade de seus colegas de trabalho,
- ser alguém que consiga dar respostas com a celeridade requerida por seu ramos de negócios, ao mesmo tempo, não dando respostas incompletas apenas para agradar seus colegas,
- entender o ramos de negócios em que atua e as operações de sua empresa para poder avaliar os riscos e impactos de cada decisão (além de poder adaptar os controles relacionados ao programa para que efetivamente funcionem na prática),
- ter auto-disciplina e ser pró-ativo,
- ser alguém em quem os seus colegas de trabalho possam confiar e com quem possam discutir suas dúvidas, inquietações, problemas e dilemas de forma aberta e com um sentimento de total respeito, ter vontade de ajudar e não apresentar reações

exacerbadas para todo e qualquer problema, por menor que seja,

- *Já citei no início do texto, no tópico "Qual é a verdadeira função de um profissional de compliance" que esta talvez seja uma das mais importantes habilidades do profissional de compliance, que, para fazer bem seu trabalho, depende de informação e acesso às pessoas. Se um profissional de compliance for visto como alguém que tem reações exageradas e desproporcionais – como já elevar um assunto para discussão da alta administração antes de entendê-lo de forma suficiente – os funcionários da empresa não se sentirão seguros, nem confortáveis, em discutir com ele os assuntos relevantes, e, assim, uma fonte extremamente importante de informações para que o profissional de compliance faça seu trabalho irá secar,*

    Como frequentemente relembrado por Roy Snell – CEO da SCCE – não saia correndo e gritando pelos corredores como se seu cabelo estivesse em chamas a cada pequeno problema de compliance que aparece.

- Alguém que respeita a todos.

Também, importante citar que um bom profissional de compliance custa o que vale, então não adianta tentar contratar um júnior para fazer o trabalho de um gerente apenas para economizar [no curto prazo].

Defina e aloque recursos adequados e suficientes para a operação do programa

Depois de se definir o responsável adequado pelo programa de compliance é necessário que se dê condições para que este profissional realize o trabalho para o qual foi contratado. Isto passa por entregar a ele recursos – humanos e financeiros – "adequados".

Cada empresa terá que definir o que é "adequado" para sua realidade, e o responsável pelo programa de compliance deve ser a pessoa a realizar esta identificação/ definição. Algumas empresas menores poderiam implementar o programa de compliance gastando um Dólar por dia como ensina Joe Murphy um dos mestres do compliance em seu livro *"A Compliance & Ethics Program on a Dollar a Day"*[7], mas essa não é a realidade de todas as empresas, pois algumas necessitarão de um quadro de profissionais gigantesco e um orçamento maior que muitas empresas que existem por aí. O mais importante é que a empresa entenda o que é necessário e, efetivamente, entregue estes recursos ao programa de compliance, mesmo que seja de uma forma escalonada. Um bom teste citado por outros profissionais de compliance que conheço é o do "post it": verifique se os recursos financeiros (*budget*) alocados ao seu programa de compliance são maiores ou menores que seu gasto com post-its. Se for menor, talvez sua empresa não esteja levando o programa tão a sério.

Delegue autoridade suficiente para o responsável pelo programa poder cumprir com suas responsabilidades e Disponibilize um canal de comunicação do responsável pelo programa diretamente com o órgão máximo da organização, ou com um subgrupo/ comitê deste órgão

O que ainda falta se já temos a pessoa certa com os recursos suficientes? Falta apenas que essa pessoa tenha acesso aos ouvidos certos e que possa se relacionar de igual para igual com aqueles que gerem as operações no dia a dia, pois de nada adiantará um programa de compliance de alta qualidade se não houver uma forma das informações geradas pelo programa chegarem ao líderes da empresa, que são os responsáveis finais pelo efetivo sucesso do programa, e se as discussões e definições acordadas com o profissional de compliance forem desrespeitadas.

Assim, não somente o profissional responsável pelo programa de compliance deve ter um cargo de relevância (especialmente em países latinos e asiáticos onde a hierarquia ainda é algo que altera as relações interpessoais no ambiente de trabalho), mas precisa reportar aos níveis mais altos da empresa – em havendo um conselho de administração o reporte deverá ser a este, ou a um de seus comitês.

Um calendário oficial de reporte periódico – que seja anualmente - à Alta Administração deverá existir para se garantir que o tópico 'programa de compliance' seja discutido e documentado formalmente. Também, deverá haver uma forma de o responsável pelo programa de compliance contatar diretamente seus superiores em casos emergenciais

Importante lembrar que mesmo respondendo por apenas algo em torno de 20% das fraudes identificadas, os Executivos e Proprietários das empresas respondem pelas maiores perdas - com um valor mediano de US$500.000 por fraude, o que é, aproximadamente, *quatro vezes maior que a mediana de perdas geradas por gerentes/ gestores, e sete vezes daquela de outros funcionários[(8.]*

Ou seja, **Suporte da Alta Administração** é muito mais que, simplesmente, ter o presidente da empresa adicionando e repetindo como um papagaio um slide padrão sobre o programa de compliance em suas apresentações. Pois, apenas ler um slide não é apoiar o programa de compliance. Basta ver o exemplo recente de um presidente de uma grande construtora que está preso por envolvimento em diversos crimes, mas que abria apresentações em sua companhia exaltando a ética e o fazer certo.

Falar da importância do programa de compliance durante suas apresentações é **'uma'** das muitas formas que os gestores da empresa têm de demonstrar seu apoio ao programa, mas é necessário muito mais que isso.

É necessário que os gestores da empresa demonstrem em cada uma de suas ações e decisões, todos os dias, que eles não somente apóiam mas também respeitam o programa de compliance.

O suporte e o respeito pelo programa de compliance passa por coisas pequenas como não dizer que `compliance é um mal necessário'*, ou '*é chato mas precisamos fazer'*, ou ainda '*temos compliance pois o conselho mandou ter'*, e por ações simples que ajudam a demonstrar o suporte ao programa como convidar o profissional de compliance para discussões de novos produtos/ serviços ou modelos de negócios ou aquisições e deixar que o responsável pelo programa discuta seus pontos de vista e suas opiniões [técnicas e adequadamente baseadas] durante as reuniões sem ser relegado a um espectador de segundo plano e sem preconceitos contra suas opiniões. Também é sempre importante não reagir de forma negativa às reclamações advindas de outras áreas da empresa em relação a decisões ou sugestões da área de compliance. Não que o responsável pelo programa de compliance nunca esteja errado, mas lembre-se de que, por vezes, ele será aquele a desafiar o status quo e não aceitar coisas que 'sempre foram feitas assim', pois isto é parte do trabalho deste profissional.

Passa, também, por nunca se usar argumentos do tipo *'mas todo mundo faz'*, ou *'assim vamos fechar a empresa'*, ou coisas mais comuns como se dirigir a equipes comerciais/ de vendas com expressões do tipo *'façam **qualquer coisa** para atingir os objetivos'*.

Para resumir, o suporte da alta administração depende de CONVICÇÕES e AÇÕES e não de palavras.

***

Creio que cabe aqui citar a **teoria das janelas quebradas** [17]: esta teoria, em um resumo bastante simplista, explica que os pequenos delitos, se não resolvidos de forma adequada, criarão um ambiente em que os grandes delitos serão inevitáveis. A analogia feita pelos criadores da teoria é a de que se um prédio tiver algumas janelas quebradas que não são consertadas, com o tempo outras janelas serão quebradas, um dia o prédio será invadido, lixo se acumulará e, em algum momento no futuro, este local se tornará um antro de crime e perversão.

Tenho percebido durante minha participação em congressos, conferências e treinamentos que existe um problema de foco por parte dos profissionais de compliance, tanto antigos quanto novos. Especificamente falo sobre o foco exagerado, que gera longas discussões, nos aspectos de aplicação dos itens de penalidade da lei 12.846/2013.

Não sei se o esse foco limitado é fruto da inexperiência de alguns profissionais de compliance, se surge da vontade exagerada de se discutir apenas os tópicos da moda, se se deriva de intenções mercantis por parte de prestadores de serviços, se é uma limitação dos palestrantes que não conseguem trazer outros tópicos – e há uma pletora de tópicos relevantes – à discussão por falta de conhecimento ou por falta de capacidade de torná-los também interessantes aos ouvintes; mas sei que essa visão de túnel é um perigo para a profissão pois limita as discussões, o aprendizado e as práticas.

No final do dia temos que responder à pergunta *Queremos discutir programas de "compliance" ou de "anticorrupção"?* Há espaço para os dois e não me entendam mal, anticorrupção é sim muito importante, mas precisamos balancear os tópicos. Lembremos que um programa de compliance é muito mais abrangente e inclui tópicos outros, como: saúde e segurança, ambiente de trabalho, relacionamento com fornecedores e clientes, gestão de terceiros, práticas concorrenciais, lavagem de dinheiro e aspectos regulatórios para citar apenas alguns.

Nós, profissionais de compliance, temos por responsabilidade "... infundir e manter os mais altos padrões éticos por toda a companhia."[18]

Já a função de analisar as leis, as defesas, os vazios legais, os erros de aplicação, as inconsistências ou os conflitos com outros instrumentos das leis é dos advogados e não dos profissionais de compliance – não estou falando do advogado que, por acaso, também é o compliance officer da empresa, mas sim do advogado de fato da empresa, aquele do Departamento Jurídico. O profissional de compliance não deve focar seus esforços na interpretação da lei, pois essa não é sua responsabilidade nem sua área de expertise ou o foco de seu trabalho. A responsabilidade do profissional de compliance é sim garantir que um especialista em Direito analise a lei (da mesma forma que no pilar de "treinamento" de um programa de compliance é responsabilidade do profissional de compliance garantir que o treinamento seja entregue ao público correto, com o conteúdo correto, por pessoa capacitada; mas não é sua responsabilidade ser o treinador).

Também, entendo que se; ao tentarmos 'vender' os programas de compliance ou anticorrupção ou de 'convencer' aos outros profissionais da empresa a seguir as regras; focarmos demais na discussão das penas e nas possibilidades e impossibilidades de sua aplicação podemos incorrer num erro que é passar a mensagem que o problema é a "pena" e não o "crime".

Se formos um pouco mais para o lado humano da discussão – como já citei: compliance é muito mais sobre pessoas/ comportamento do que sobre leis - me lembro de uma 'regra' de psicologia que diz que se queremos mudar o comportamento de alguém devemos focar no reforço positivo das boas atitudes e nos motivos pelos quais fazer o certo é a melhor escolha, pois o foco no reforço negativo – ou na punição - apenas cria o medo da pena e faz a pessoa buscar 'não ser pega cometendo o ilícito' ao invés de criar a intenção de se fazer o correto e evitar o ilícito.

Como analogia: se queremos explicar para uma pessoa o motivo de ela não dever assassinar outro ser humano devemos discutir os benefícios sociais – e até o individual dela mesma – em termos uma sociedade que entende ser o assassinato algo errado e que causa prejuízo e sofrimento. Não devemos focar apenas no "não assassine ninguém pois senão serás preso!" até porque as possibilidades de uma pessoa ser, e ficar, presa por assassinato são baixas em se analisando as brechas legais sobre ser o assassino réu primário, não ter sido preso em flagrante, ter endereço fixo, ter bons advogados etc.

Ou seja, por vezes, focar na discussão das penas como motivo para não se engajar em um comportamento errado/ ilegal/ imoral é contraproducente pois premia a discussão do *risco vs benefício* da conduta imprópria e não a discussão da impropriedade da conduta em propriamente dita.

Além disso, é importante lembrar que muito do que se discute atualmente sobre as penalidades da lei fica no domínio da especulação, pois falta histórico efetivo da aplicação do estatuto. O próprio FCPA que já conta com mais de três decadas de vida e *enforcement* ainda é um estatuto que traz incertezas em sua aplicação (mesmo o guideline[19] que foi criado para auxiliar em uma interpretação mais definitiva da lei, e que conta com mais de 100 páginas, ainda deixa incertezas).

Assim, qualquer discussão sobre cenários de aplicação das penas pode ser considerada uma perda de tempo para o profissional de compliance que tem muitas outras facetas do programa de compliance para cuidar (novamente cito *o recente caso da Volkswagen, que toca claramente em 'compliance', mas foge completamente de anticorrupção*) e pouco tempo para dispor em discussões que, inicialmente, não lhe cabem (essa é sim uma discussão muito importante e relevante para os juristas, e eu apoio que deva continuar e ser aprofundada pois trará melhorias para este estatuto e para muitos outros que virão).

Em suma, o que eu quero dizer é que nós, profissionais de compliance, temos o dever de ajudar nossos colegas para que nenhum ilícito seja cometido. De forma que toda e qualquer discussão sobre as "penas" se tornaria desnecessária e irrelevante (e isso vale para qualquer lei/ regulamentação).

Comunicação e treinamento

Depois de a empresa ter definido que quer fazer a coisa certa, realizado seu levantamento de riscos, documentado suas políticas relevantes é hora de informar a todos os atores da empresa, ou seja, àqueles que, efetivamente, fazem a coisa acontecer [ou não acontecer] sobre tudo isso. E é neste momento que a comunicação e o treinamento mostram seu valor.

Alguns profissionais experientes em programas de compliance dizem que se você tiver apenas um Real para investir no seu programa, invista-o em treinamento e comunicação, se tiver cem Reais, também, dez mil Reais, também. Apenas quando tiver mais do que isso é que você deve começar a investir em outros componentes. Devo dizer que tendo a concordar com essa visão, pois, como já citado em diversas partes deste livro, programas de compliance são sobre as pessoas, são sobre as pessoas entenderem o que é certo e entenderem o motivo de ser melhor fazer o certo, e não creio haver instrumento melhor para essa conscientização que informação e exemplo.

Importante lembrar que a comunicação não deve ser pensada apenas como uma forma de treinamento, pois comunicação também se refere àquela comunicação com os órgãos mais altos da empresa. Como eu mantenho a alta direção, ou o conselho, informados sobre tudo o que acontece dentro e ao redor do meu programa de compliance é, também, função deste pilar.

Falando apenas desta comunicação 'para cima', por enquanto, cabe lembrar que ela deve ser contínua e programada – com participação fixa em reuniões trimestrais da diretoria, por exemplo – e que o profissional de compliance deve utilizar este espaço para discutir todos os tópicos que tiveram, têm, ou possam ter impactos sobre a efetividade do programa de compliance. Decisões sobre mudanças no programa devem ser realizadas, ou iniciadas, formalmente, neste grupo (obviamente cada empresa tem uma organização própria, mas a ideia é que o órgão máximo seja sempre o dono do programa de compliance e para isto precisa não somente estar informado sobre, como também estar envolvido e comprometido com o programa de compliance).

Se você, como responsável pelo programa de compliance, já é parte deste grupo e participa de todas as reuniões do mesmo, seu nível de formalização para os tópicos discutidos, e decisões tomadas, pode ser a ata da própria reunião, não sendo necessário criar um instrumento em separado para este fim.

Comunicar para o restante da empresa também é objetivo deste pilar, e essa comunicação pode, e deve, tomar as mais diversas formas. A única regra, a meu ver, é que a comunicação seja relevante, frequente, em linguagem clara, para o grupo de pessoas adequado e positiva. Há uma miríade de possibilidades para esta comunicação. Como exemplos:

- Jornais internos
- Quadros de avisos
- Emails de comunicação
- Blogs dos executivos da empresa
- Televisão interna
- Sessões de cinema
- Materiais lúdicos entregues aos funcionários (jogos de palavras cruzadas, por exemplo)
- Inserções em apresentações sobre temas variados
- *Quizzes* [com prêmios]
- Gibis
- Camisetas
- *Screen-savers*
- Calendários/ agendas

Além do listado acima você pode utilizar qualquer outra forma de comunicação que funcione no contexto da sua empresa, no momento do seu programa, no orçamento disponível e no expertise de sua equipe. Ou seja, você saberá o que é melhor para sua empresa.

Mesmo sendo algo "livre", mantenha um planejamento mínimo para o seu programa de comunicação. Crie um calendário de ações de comunicação para o ano, com uma frequência mínima mensal e tenha a disciplina de realizar, no mínimo, o que foi planejado. Obviamente, haverá muitos motivos para que sejam realizadas comunicações adicionais quando algo surgir que as torne relevantes e necessárias. Neste momento você decidirá se essa comunicação adicional substituirá ou não uma comunicação já planejada.

A mensagem principal é **"Comunique Sempre!"**

Em relação a treinamentos a questão é muito similar ao já discutido acima. Os treinamentos podem ser realizados de forma presencial ou remota, com facilitadores ou auto-estudo, em sessões de três horas ou em pequenas pílulas de meia-hora, no local do trabalho do funcionário ou em local externo, com atividades lúdicas ou de forma totalmente séria. Novamente: o que funcionar para sua empresa.

Mas se você tiver o luxo de escolher, foque em treinamentos presenciais, com algum conteúdo lúdico, em sessões mais curtas e com uma frequência mais alta. Pois ter as pessoas interagindo com o facilitador, e entre si, discutindo casos que provoquem interesse em sessões que não sejam longas e aborrecidas ajudará em uma fixação melhor dos conhecimentos.

Alguns pontos de preocupação específicos para os treinamentos são:

A seleção de quais são os treinamentos "de compliance", para que exista foco naquilo que é relevante ao programa de sua empresa. O rol de treinamentos de compliance pode incluir, além dos treinamentos mais óbvios – como código de conduta, conflitos de interesses, refeições/ brindes e hospitalidades – também aqueles conteúdos que façam parte dos riscos mais relevantes identificados durante sua avaliação de riscos – como anticorrupção, práticas anti-concorrenciais, saúde e segurança, regulatório etc. Além disso, pode ser que aqueles treinamentos obrigatórios por leis/ regulamentações – como um treinamento sobre riscos laborais a operadores de call-center – façam também parte do lista de treinamentos 'de compliance'.

A definição do público alvo para cada treinamento de compliance, levando em conta não somente o departamento/ função, mas também projetos específicos em que as pessoas possam ser alocadas temporariamente.

Uma prática simples e bastante efetiva é incluir os treinamentos de compliance comuns a todos os funcionários em uma sessão de integração (*on-boarding*) que seja realizada na primeira semana de trabalho do funcionário.

A decisão sobre se, e quais, terceiros/ intermediários/ agentes serão também treinados, e em quais conteúdos. Novamente uma decisão que será baseada no seu perfil de riscos identificado previamente, na atividade do terceiro e no risco específico de cada terceiro identificado na *due diligence*.

A escolha de quem será o facilitador do treinamento, que pode ou não ser alguém de compliance, mas que precisa sempre ser alguém que conheça a fundo o conteúdo para que dúvidas possam ser dirimidas prontamente e, também, para que exista uma homogeneidade na transmissão das mensagens relevantes.

A decisão sobre a obrigatoriedade ou não da participação de cada público-alvo. Importante citar que em sendo um treinamento ´obrigatório´ a taxa de comparecimento ao treinamento deverá sempre ser 100%, com as únicas exceções aceitáveis sendo: licenças de longo prazo (maternidade, médicas, acidentes de trabalho), ou outras condições que impeçam a presença/ participação (síndrome do pânico, por exemplo). Nestes casos, tenha sempre uma alternativa para que o funcionário receba o conteúdo do treinamento assim que possível.

O registro, acompanhamento, e reporte, da efetiva realização do treinamento e participação dos convidados, que começa com a utilização de listas de participação devidamente assinadas pelos participantes e facilitadores que serão componentes básicos de um registro atualizado, ao menos, mensalmente sobre o percentual de comparecimento e os detalhes sobre as exceções.

A efetiva cobrança pela participação daqueles que, porventura, tenham faltado a treinamentos obrigatórios, com a devida escalação dos problemas para que as ações necessárias sejam efetivadas. Neste sentido algumas ações comumente utilizadas são: suspender o acesso do funcionário a sistemas da empresa enquanto o treinamento não for realizado, advertir/ suspender o funcionário pela não participação, advertir/ suspender o supervisor do funcionário por não facilitar a participação, corte de bônus de performance ou até a demissão do funcionário.

> *O item acima é um exemplo de mais um ponto em que o **funcionamento efetivo** do seu programa de compliance será evidenciado. Muito mais do que ter indicadores percentuais de 98% ou 99% de comparecimento em treinamentos, as ações tomadas em relação àqueles que se negam a cumprir sua parte no programa de compliance falarão mais alto e demonstrarão se há, de fato, um compromisso da empresa em relação ao programa de compliance.*

A medição ou não da retenção do conhecimento, com a realização de testes/ provas ao final do treinamento.

Due diligence de terceiros

Imagine que sua empresa tem um sério compromisso com o cumprimento da lei e com a integridade corporativa. Ou seja, está, efetivamente, empenhada em fazer a coisa certa, mas um de seus terceiros não tem o mesmo compromisso e acaba por cometer um ilícito em um momento em que está representando sua empresa? Este cenário não é um exercício teórico, mas uma realidade bastante comum, infelizmente.

Não vamos discutir aqui o uso consciente de empresas 'laranja' para que se possa cometer ilícitos sem se envolver diretamente com o ato ilegal, pois entendo que você é alguém que trabalha em uma empresa séria e com valores corporativos corretos. Mas, cabe citar que o uso de laranjas, por mais 'seguro' que pudesse parecer no passado, ficou agora claramente listado como um ilícito pela lei 12.846/2013.

Também, e talvez o mais importante para o pilar de *due* diligence, a lei 12.846 imputa **responsabilidade objetiva** às empresas em relação aos atos ilegais previstos na lei. O que isso quer dizer é que mesmo que a sua empresa não tenha se envolvido, autorizado, solicitado ou facilitado um ilícito no âmbito da lei, sua empresa será responsabilizada apenas por ter sido beneficiada pelo ato.

Assim, alegar o desconhecimento da forma pela qual um terceiro agiu em seu nome – seja esse desconhecimento factual ou apenas uma desculpa (o que os americanos chamam de cegueira deliberada, ou *willful blindness*) – não muda a responsabilidade da empresa pelo ato cometido.

Fica claro então que não basta a empresa estar comprometida com o seu programa de compliance, os seus 'representantes' também precisam ter o mesmo comprometimento em fazer o certo sempre. E isto leva a uma necessidade de que sua empresa conheça muito bem as empresas que a representam.

Esse 'conhecer a empresa que a representa' é o que podemos chamar de *due diligence* – ou diligência apropriada – que nada mais é que se buscar, efetivamente, entender as práticas dos terceiros, seu passado, o passado de seus administradores ou sócios, antes de se fechar acordos ou contratos com estes terceiros.

Atualmente, uma das mais relevantes fontes de riscos, especialmente do risco de descumprimento de leis anticorrupção, advém de terceiros que representam sua empresa – sejam eles agentes, intermediários, representantes, despachantes, consultores, advogados, parceiros ou quaisquer outras formas de relacionamento que coloquem uma terceira empresa realizando atividades em seu nome, ou em benefício de sua empresa.

Como podemos então conhecer os nossos terceiros? A resposta para esta pergunta é ao mesmo tempo simples e complexa, mas foquemos na parte simples. Realizar uma boa *due diligence* é implementar esforços razoáveis – em relação ao risco da atividade, do setor e do tipo de relação comercial – para se identificar o grau de risco que este terceiro traz para sua empresa caso seja efetivamente contratado. A *due diligence* pode ser descrita, de forma simplista, como um *background check* do terceiro que é candidato a um contrato com sua empresa.

O que se busca em uma *due diligence* é identificar se há ou não indicadores de potenciais problemas passados – *red flags* – em relação ao risco que se está tentando minimizar durante o processo de contratação. Cabe citar aqui que, atualmente, quando falamos em *due diligence* estamos basicamente falando em *due diligence* anticorrupção, que é, indubitavelmente, o risco de compliance mais relevante em uma relação de representação com um terceiro.

Nem todos os terceiros, ou fornecedores, de uma empresa requerem uma *due diligence*, pois há relações de prestação de serviços ou fornecimento de bens que não trazem nenhum risco de corrupção para sua empresa – como um exemplo bastante simplista temos as relações simples de fornecimento de bens para revenda.

As *due diligences* podem, e devem, ser realizadas em diferentes profundidades. Para os casos mais simples – ou melhor, para os casos de menor risco para sua empresa – uma simples busca na internet poderia ser suficiente; já para os casos mais críticos – imagine um terceiro que negocia licenças em seu nome junto a órgãos públicos – uma pesquisa completa sobre a empresa, seus sócios e principais diretores, realizada por uma empresa especializada que buscará informações em fontes públicas (situação fiscal, ações e processos legais, por exemplo), que realizará entrevistas com ex-funcionários, com concorrentes ou com outros clientes é o mais indicado.

As *due diligences* mais simples podem ser realizadas dentro de casa, com recursos próprios, enquanto que as *due diligences* mais críticas devem ser realizadas por especialistas no tópico, que possuem expertise e ferramentas especializadas para executarem o serviço de forma adequada. Tenha em mente que este é um dos pilares do programa de compliance em que o barato pode sair muito caro.

Lembre-se de documentar em uma política específica o processo de *due diligence*, desde a definição das categorias de riscos, passando pela forma de execução e documentação da *due diligence*, chegando ao processo de análise dos resultados e decisão final. Todo o andamento e o histórico dos processos de *due diligence* devem ser devidamente documentados para análises futuras.

Lembre-se que os *red flags* apontados durante o processo de *due diligence* precisam ser analisados de forma fria e completa. Alguns *red flags* podem ser muito críticos, enquanto que outros se mostrarão apenas circunstanciais. É muito fácil uma empresa ser listada em uma manchete de jornal como suspeita de corrupção, mas sem nenhuma evidência clara, ou mesmo ter sido, posteriormente, inocentada das denúncias. Portanto, antes de tomar o caminho fácil de proibir uma contratação por conta de uma manchete de jornal, realize pesquisas adicionais.

A definição de quem é responsável pela análise dos resultados de uma *due diligence* passa por se definir os tipos possíveis de *red flags* que podem ser identificados e que departamento na sua empresa tem a expertise necessária para analisar o problema e chegar a uma conclusão factual – casos de processos criminais, por exemplo, deverão ser analisados pelo departamento jurídico.

Após analisados os potenciais *red flags,* um processo de aprovação da contratação do terceiro deve ocorrer e ser documentado. A definição dos responsáveis por essa tarefa é particular a cada empresa, mas uma das regras é que não seja o contratante a dar a palavra final sobre a contratação. Como boa prática temos o envolvimento das área de compliance e jurídica nesta etapa.

Normalmente os fluxos de aprovação resultam em três diferentes tipos de decisão:

- **Contratar** sem mais ações, quando nenhum *red flag* foi identificado, ou quando todos aqueles que foram identificados foram explicados e o nível de risco é aceitável;
- **Contratar com a inclusão de controles**, quando algum *red flag* importante foi identificado mas, ou não há outra alternativa de fornecedor para se contratar, ou quando o risco foi considerado gerenciável pela empresa. Nestes casos é comum que controles adicionais sejam definidos para aquele contrato/ fornecedor – como exemplo temos a revisão independente das faturas do fornecedor antes da efetivação do pagamento, ou a aprovação independente de todas as ordens de serviço antes de serem enviadas ao fornecedor, a realização de auditorias nas operações do terceiro relevantes para o objeto do contrato, a obrigação da participação dos funcionários do terceiro em um treinamento anticorrupção, a inclusão de cláusulas específicas no contrato

limitando a capacidade do terceiro em agir em nome da empresa, etc

– **Não contratar**, quando o nível de risco apresentado pelo terceiro é relevante

Um erro bastante comum de muitos programas de compliance em relação ao tópico de *due diligence* é realizá-las apenas antes da contratação dos terceiros. Lembre-se que novidades podem surgir durante o período de prestação dos serviços que poderiam fazer a decisão de manter o contrato com este terceiro ser reavaliada. Assim, é importante que se defina uma periodicidade mínima para a repetição dos procedimentos de *due diligence*. Também é interessante que, ao menos, a busca em fontes públicas como a Internet sejam realizadas com uma frequência maior, e a maioria dos sistemas de *due diligence* disponíveis atualmente têm essa funcionalidade.

Solicitar ao terceiro o preenchimento de um questionário em relação aos tópicos relevantes também é uma boa prática, pois permite a comparação entre as informações prestadas pelo terceiro com aquelas obtidas durante a realização da *due diligence*. Em havendo uma disparidade relevante de informações cabe à sua empresa contatar o terceiro para esclarecer os motivos das divergências – um dos motivos pode ser o terceiro ter tentado te enganar, um ato que deveria ensejar o encerramento de qualquer parceria com este terceiro.

As perguntas que comumente vemos nestes questionários incluem, por exemplo:

– Se a empresa possui um programa de compliance e/ ou políticas anticorrupção
– Se a empresa ou algum de seus sócios/ administradores já foi, ou está sendo, investigada por corrupção
– Se algum funcionário (relevante para o objeto do contrato), sócio ou administrador é um agente público, ou se o foi no passado recente
– Se a empresa pretende subcontratar a prestação dos serviços

— Informações sobre os países de incorporação e atuação da empresa

Em resumo: **conheça muito bem os terceiros que representam sua empresa, pois seus atos ilícitos poderão, e serão, imputados a sua empresa.**

Monitoramento, e auditoria, do funcionamento do programa

Antes de falar sobre auditoria e monitoramento é importante explicar, de forma simples e direta, a diferença entre os dois termos:

Monitoramento pode ser realizado pelo responsável pelas atividades do programa de compliance, enquanto que **auditoria** deve ser realizada por alguém/ alguma função independente da realização das atividades (para efeitos de simplificação, o termo **monitoramento** será utilizado de forma a significar também **auditoria,** a menos quando o termo auditoria for citado explicitamente).

De forma bastante direta: Monitorar é medir riscos e controles.

Ou seja, monitorar é verificar se a implementação do programa de compliance está surtindo os efeitos desejados, e se seus componentes/ pilares estão devidamente "acontecendo", além de identificar se os riscos identificados previamente continuam se comportando da forma esperada e, ainda, se novos riscos não surgiram no decorrer das operações.

Apesar de não ser o pilar do programa de compliance mais famoso, ou mais discutido, o monitoramento vem crescendo em importância com o aumento do escrutínio das autoridades sobre os programas. Com um monitoramento bem realizado, e bem documentado, há um aumento bastante relevante da facilidade de se demonstrar o funcionamento e eficácia dos programas de compliance. Já dizem os administradores que *´o que não se mede não se gerencia´*.

Quando o exercício de monitoramento é realizado de forma disciplinada, planejada e documentada (o termo "documentado" deverá ser como um mantra a ser repetido sempre pelo profissional de compliance) dificilmente uma surpresa – exceção às fraudes mais elaboradas e/ ou aos conluios – acontecerá no âmbito do programa de compliance.

Indo direto ao ponto, monitorar seria algo como responder a perguntas que trazem a indicação do funcionamento de cada etapa/ pilar do programa de compliance. Desta forma, definir quais são as perguntas a serem respondidas é o primeiro passo do processo de monitoramento. A seguir alguns exemplos de perguntas que podem servir de base para o seu plano de monitoramento – divididas em alguns dos pilares do programa de compliance:

Responsabilidade, supervisão e competência do Compliance Officer

- O profissional de compliance é formalmente designado?
- É de conhecimento da Companhia quem é o professional de compliance?
- O profissional de compliance é qualificado?
- Qual é a estrutura de reporte do professional de compliance?
- Qual a frequência com que o professional de compliance reporta ao *Board* ou órgão equivalente?
- Existe um "programa de compliance", ou políticas individuais, que especificam o que é o programa de compliance da empresa? Com processos, responsabilidades, matrizes de decisão etc.

Avaliação de Riscos

- A avaliação de riscos é conduzida periodicamente?
- É formalizada e documentada a avaliação de riscos?
- Quem participa do processo de avaliação de riscos?
- A quem é apresentada, para aprovação, a avaliação de riscos?
- Como são definidas as prioridades de ação?

Políticas e Procedimentos

- Os documentos são revisados periodicamente?
- Os documentos são atualizados e relevantes?
- Os textos dos documentos são claros/ compreensíveis para todos os envolvidos?
- Os documentos são acessíveis a todos de forma simples e rápida?
- Os documentos são conhecidos e cumpridos?

Comunicação e Treinamento

- Conteúdo claro e compreensível a todos os níveis?
- Realizados por profissional capacitado?
- Realizados com a frequência, e duração, adequados?
- Realizados por métodos relevantes, adequados?
- O conhecimento é verificado?

Linha de Reporte Anônimo

- De fato "anônimo"?
- Rápida e acessível?
- Comunicada e com dados de contato facilmente acessíveis?
- Está sendo utilizada?

Investigações e sanções

- Realizadas para todos os reportes (que contenham informação suficiente para o início de uma investigação)?
- Encerradas?
- Realizadas por pessoas capacitadas?
- Confidencialidade mantida?
- Ações de sanção são homogêneas?
- Ações de sanção são efetivamente colocadas em prática?

Auditoria e Monitoramento (sim! Deve-se monitorar o monitoramento)

- Existe plano anual?
- Plano é efetivamente colocado em prática?

- Resultados são formalmente documentados e arquivados?
- Planos de ação são finalizados?
- Realizados por pessoas (suficientemente) independentes e capacitadas?

Também, não se deve esquecer de monitorar os riscos mais relevantes para o programa de compliance, que foram identificados previamente. O monitoramento destes riscos vai depender diretamente da realidade da empresa e não pode ser "padronizado", pois enquanto algumas empresas monitoram refeições, brindes e presentes para oficiais públicos – por terem alto risco de corrupção – outras empresas não têm necessidade nenhuma de monitorar tal risco.

Assim, deverão ser somadas às perguntas sobre o funcionamento dos pilares do programa de compliance exemplificadas acima, aquelas perguntas sobre cada um dos riscos relevantes identificados para sua empresa.

Um dos grandes desafios do pilar de auditoria e monitoramento é o "como" realizar o monitoramento. Apesar de haver infinitas possibilidades para a execução do exercício de monitoramento, é importante se manter os pés no chão e não dedicar recursos excessivos a este pilar. Um grave erro de alguns programas de compliance é ter uma carga de monitoramento tão alta que não sobra tempo para nenhuma outra atividades (como exemplo podemos citar casos em que o profissional de compliance passa tanto tempo revisando cada brinde – de R$50 – e cada refeição nos sistemas da companhia que ele acaba sem tempo para verificar problemas graves que não passam pelos sistemas da companhia, os quais, talvez, ele identificasse se tivesse mais tempo dedicado a participar de reuniões de diretoria, ou de sair a campo para conversar com seus colegas).

Assim, começar de forma simples e utilizando os recursos mais baratos que estão ao dispor do profissional de compliance é uma forma inteligente de realizar o monitoramento. Apenas como alguns exemplos de atividades simples e sem custo:

- Conversas de corredor com os funcionários da empresa
- Participação em reuniões de departamento
- Revisão de entrevistas de desligamento
- Visitas a operações em campo
- Inclusão de duas ou três perguntas sobre o programa de compliance em pesquisas de clima
- Revisão de relatórios de exceção mensais (totais de despesas de refeição por funcionário, por exemplo)
- Amostragem de faturas pagas a agentes e intermediários para verificação de *red flags* na descrição, ou valor, dos serviços prestados
- Filtros de verificação de frase- e palavras-chave críticas em comunicações por email (como: jeitinho, resolva logo, suborno, fiscal, combinar preço etc)
- Solicitar à equipe de auditoria que inclua testes, ou apenas itens a serem checados para testes já realizados, durante seus trabalhos recorrentes
- Verificação de *red flags* em pagamentos pela equipe de tesouraria/ contas a pagar

Obviamente, se a empresa conta com sistemas já maduros e estáveis, muitos dos pontos a serem monitorados podem ser completamente automatizados, mas grande parte do processo de monitoramento será realizado de forma manual.

Problemas identificados durante o processo de monitoramento dever ser avaliados com base em critérios estabelecidos (por diversos grupos) e reportados ao nível adequado de gestão para as devidas providências.

Por fim, cuidado com *dashboards*, que, apesar de serem muito bonitos e possuírem muito apelo estético, são difíceis de implementar e podem ser um tiro de canhão para matar formiga.

É muito importante se pensar de forma muito crítica sobre o monitoramento. Um amigo do ramo esses dias colocou de forma muito simples como pode ser muito fácil medirmos algo de forma completamente errada, mesmo quando acreditamos estar fazendo o certo. Seu exemplo foi: em uma pesquisa sobre o programa de compliance de uma empresa foi perguntado aos funcionários se eles sabiam ou não o número do canal de denúncia da empresa. A resposta foi negativa por quase 100% dos funcionários, o que gerou um mal-estar na empresa, planos de ação foram colocados em prática, pessoas foram advertidas de como estavam fazendo mal o seu trabalho etc. Não seria esse um exemplo de "pergunta errada"? Não seria mais correto se perguntar "você sabe COMO, ou ONDE, descobrir o número do canal de denúncia, caso precise?"

DIVAGAÇÕES: Compliance Programs, Monitoring, KPIs and [incorrect] inferences

I would like to quickly discuss the fact that while Key Performance Indicators - KPIs are very important to our efforts of implementing, maintaining and improving our compliance programs (I do agree with the statement that "what you don't measure you don't manage") we, compliance program managers, must exercise a lot of caution in "reading" them.

First and foremost I would love to emphasize something I will repeat a billion times over: Indicators are just "tools" and shall be used as such. They are not an end in themselves and they shall not drive our compliance programs.

Let me start with something that was a mania some years ago (and gladly is no longer considered a Holy Grail for improving your company): **Benchmarking**.

Benchmarking is another tool (just one out of many in your toolbox) that can help you as long as you know how to use it - just like with any other tool, for a hammer may help you nailing that nail, but it can also break your fingers if not properly used. However, I dare say this is a very dangerous tool to use if you don't take the necessary care, and some of the reasons are:

1. *Selection of benchmarking companies and how to use that data*: There are no right or wrong companies to compare yourself against, as long as you understand that each company is a different complex organism. Even companies that look alike at first sight - like competitors in the same industry - will be completely different companies due to different culture, different strategies, different management styles, different

internal processes and procedures, different approaches to compliance risks and so on. Thus, be careful when you choose companies to compare yourself against and do try and understand how the companies relate to each other. Don't just choose a company and believe that it is the best company to compare against and even worse: copy from;

2. *External data quality and comparability*: Gathering and consolidating data for your own company, which you supposedly know well enough, is already a complex endeavor. So, keep in mind that this is as complex to any other company to gather the same data. Also, remember that some companies may decide to massage the data before sharing it with you, for the sake of looking good - even if you use publicly available data be skeptic about it (being publicly available, even if independently audited, is not an assurance of quality, remember Enron). Methodologies for collecting and consolidating data also vary widely and, unless you do have a very detailed description of the other company's methodology, you may be comparing apples to oranges (a very simple example would be the number of "ethics line calls": one company may give you the number of all calls that came through the channel, while others may already have removed those calls that do not relate to the compliance program);

Another topic that scares me a lot is that people often believe they are really good statisticians and based on that trust they keep making completely incorrect inferences based on otherwise correct data.

Let's remember that *most of us are NOT good with statistics* (for some interesting examples of it watch Peter Donnelly's TED talk [20] - if you don't want to watch the whole video jump to 3', then to 11' and 13'). Most of us are actually quite bad at it and one of the most common errors is to misuse the concepts of **correlation** and **causation**.

Correlation and causation are sometimes used interchangeably and that couldn't be more wrong, for while in some cases correlation also means causation, this isn't true for most cases.

Let's use a very simplistic example: suppose you know three very smart - above average - kids and you visit their homes where you find a very large collection of books. In this case, there is a clear **correlation** between having books at home and raising smart kids, but is there a causation effect? Definitely not, if you bring piles of books to the homes of all kids you won't turn them all into geniuses. What happens is that the causation is - most likely - the fact that the parents of those kids are people who value education and culture who also read a lot of books, and for those reasons raised their kids in an environment that fostered reading and learning and questioning - leading to smart kids. Having books at home do not cause intelligence, but they do correlate.

Another problematic issue is that even perfect datasets do not give you [the right] answers if you don't know which are the right questions to ask, or even if you don't know how to ask the right questions.

One example of how asking the wrong question will lead you to the wrong answer (which would also be related to the statistical issues discussed above) can be seen in the O.J. Simpson case.

During the trial, the prosecutors raised the point that O.J. had a history of abusing his wife, which could help in increasing the likelihood of finding him guilty of his wife's murder. The defense attorneys presented **correct** statistical data showing that the vast majority of domestic abusers do not kill their wives, providing the necessary support to prove that a history of abuse is no predictor of murder.

While the arguments of the defense attorneys is correct, there is a very simple issue here, the question that was tacitly asked is wrong, for the trial is not about "*the likelihood of an abuser becoming a murderer*", it is about "*the likelihood of a murdered woman, that has been previously abused by her partner, having been murdered by her partner.*"

While the answer to the first [and irrelevant] scenario is "*it is **unlikely** that an abuser will become a murderer*", the answer to the second [and relevant] scenario is "*it is **very likely** that her abusing husband is also her murderer*" (more details of this issue here, and a definition of The Prosecutor´s Fallacy here).

To summarize: Calculating and monitoring KPIs, as well as using benchmarking data, are very powerful and necessary **tools** to manage and improve a compliance program. But as any other tool they can not replace the skills of an experienced professional, nor can they be used as single or direct indicators of anything.

Use those tools to help in your decision making process, use those tools to help you get to the right answers, but make sure to take your time in asking the right questions first.

Disponibilização de um mecanismo para reporte ou auxílio, de forma anônima e/ ou confidencial, em relação a condutas, ou suspeitas de condutas, criminosas

Apenas para começarmos este capítulo vamos olhar o texto de um de nossos ordenamentos legais (há diversos outros documentos internacionais que corroboram o abaixo):

Diz o Decreto 8.420/2015, que regulamenta a Lei 12.846/2013, em seu Capítulo IV, Artigo 42, inciso X [o programa de integridade será avaliado, quanto a sua existência e aplicação de acordo com os seguintes parâmetros] ...

> **Canais de denúncia de irregularidades, abertos e amplamente divulgados a funcionários e terceiros, e de mecanismos destinados à proteção de denunciantes de boa-fé;**

Por que devemos ter canais de denúncia implementados em nossos programas de compliance? As respostas são diversas, mas eu gosto de focar nas seguintes duas razões:

1. Denúncias são a melhor fonte de informações para a identificação de fraudes internas -- dados do RTTN 2014 da ACFE [8] nos mostram que 42%+ das fraudes são detectadas por meio de denúncias (*tips*),
2. Aqueles funcionários que querem fazer a coisa certa e que estão vendo algo errado acontecendo precisam ter um canal

seguro para comunicarem suas preocupações para o compliance officer.

As maçãs podres existirão em todas as empresas, isto é um fato inevitável. Também é um fato inevitável que nossos melhores esforços de educação, treinamento, informação, monitoramento serão potencialmente inúteis para que identifiquemos e/ ou nos livremos destas maçãs podres.

Um outro fato é que as maçãs podres, se deixadas tempo suficiente em contato com as maçãs boas, serão uma fonte de contaminação bastante importante. Imagine um funcionário que escutou as mensagens sobre fazer a coisa certa, as entendeu, quer colocá-las em prática – e lembremos que no Brasil atual fazer a coisa certa é mais difícil que fazer a coisa errada, e requer mais esforço por parte do agente – mas vê, rotineiramente, funcionários cometendo atos em desacordo com os valores do programa de compliance da empresa e, em muitos casos, sendo recompensados por estes atos. O que pensarão e farão estes funcionários? No melhor dos casos eles apenas darão de ombros e dirão "ele que faça o que quiser, eu continuarei a fazer o certo," mas no pior dos casos eles começarão a repetir os atos errados.

O que podemos fazer por estes funcionários é dar-lhes um canal seguro e confiável para que possam reportar as maçãs podres a quem tem o dever de resolver a situação.

Sempre peço aos envolvidos neste pilar do programa de compliance que pensem na "**jornada do denunciante**", que é todo o caminho que este funcionário precisa fazer para que uma denúncia seja, de fato, completada. Vamos lá:

Primeiro o funcionário tem que ser capaz de identificar que algo errado (fraude ou má-conduta) está, potencialmente, acontecendo. E, então, ele precisa entender que é sua responsabilidade comunicar este fato para a empresa. Aqui vale a pena parar um pouco e recordar como todos nós fomos criados em um país, em uma cultura, em que "dedurar" os outros é algo "feio", "errado", quão fácil será para uma pessoa criada nesta cultura conseguir passar por cima de anos de doutrinação e "dedurar" um colega?

Então o funcionário precisará pensar se vai fazer a denúncia se identificando ou não. Neste momento ele irá lembrar que está em um país onde "a corda sempre arrebenta para o lado mais fraco" e considerará, provavelmente, fazer a denúncia de forma anônima, mas será que ele ficará 100% tranquilo de que a empresa não está, de alguma forma maquiavélica, mantendo procedimentos em prática para que possa identificar os denunciantes anônimos?

Imaginemos que ele conseguiu se convencer de que o processo é seguro. O próximo passo é identificar os canais que ele pode utilizar. Será que ele vai conseguir identificar esta informação de forma rápida, simples e segura? Imagine que há apenas um 0800 para ele ligar, e que o cartaz com o número do 0800 fique colado na parede ao lado da mesa de seu supervisor e ele ficar lá parado, anotando o número do 0800, não levará a um olhar desconfiado de seu supervisor?

Então ele liga para o 0800 e, além de ter que aguardar quase cinco minutos para ser atendido, tem também que lidar com uma pessoa falando inglês – com tradução simultânea.

Percebeu o que pode ser a "jornada do denunciante"? Percebeu que há MUITOS pontos de atenção para nós que temos a função de tornar esta jornada a mais simples e segura possível?

Pois bem, vamos então aos itens que precisamos considerar quando montamos o canal, e o que está a seu redor:

A formalização do canal, de seus instrumentos, das responsabilidades e dos processos é o primeiro passo e deve ser objeto de uma política específica do seu programa de compliance. Esta política pode (deve?) descrever que é uma 'obrigação' dos funcionários para com o programa que estes reportem todos os casos certos ou suspeitos de crime, fraude ou má-conduta. Essa obrigação não deve ser uma ameaça velada de se considerar o funcionário como conivente com atos impróprios, mas deve servir para facilitar a jornada do funcionário no momento em que ele está decidindo de algo deve ou não ser denunciado (na dúvida denuncie).

Uma regra geral é que uma política de não-retaliação seja descrita e reiterada de forma clara para todos os funcionários sempre. Esta política visa proteger de retaliação todo aquele funcionário que, de boa fé, faça um relato ao canal de denúncias, ou que auxilie em uma investigação. Veja que muitos confundem denúncias "não substanciadas" com "denúncias de má-fé", mas é muito simplista pensar desta forma e atribuir todas as denúncias não substanciadas a uma intenção do denunciante de prejudicar um colega. Muito provavelmente este não é o caso.

Outra questão a ser definida é se a empresa aceitará ou não denúncias anônimas. Mas creio que é uma questão de fácil resposta: Sim! A empresa deve aceitar denúncias anônimas e deve cumprir sua promessa de anonimato e nunca buscar saber quem fez uma denúncia sem se identificar.

Seu canal de denúncias deverá ter diferentes formas de ser contatado, desde o mais simples que é o contato direto com o compliance officer, passando por telefone, carta, email, e chegando até a uma sistema baseado na Web. Mas você não precisa implementar todos os métodos, basta que estejam disponíveis alguns deles, para que os funcionários possam escolher qual o método que eles se sentem mais seguros em utilizar. Um ponto muito importante a citar é que se for definido o método de contato pessoal que este seja bastante bem regulado. Normalmente os pontos de contato definidos como aceitáveis são o supervisor imediato do denunciante, o compliance officer, um funcionário do RH ou um funcionário do Jurídico. Nestes casos descreva claramente que o profissional contatado deve, obrigatória e imediatamente, contatar o canal central, preferencialmente via telefone, para que se evite "telefone sem fio" ou que uma denúncia "se perca" no meio do caminho.

Vale citar que o seu canal pode ser implementado de forma simples com o uso de profissionais da própria empresa, com uma linha de telefone dedicada e uma caixa de e-mails específica, mas pode-se também utilizar um dos diversos fornecedores especializados que, além de utilizarem metodologias e sistemas especializados, também te permitirão dar um canal completamente independente e com acesso mais universalizado (24h/7dias, atendimento em diversas línguas etc). Atualmente os custos de um fornecedor externo compensam os benefícios obtidos.

De qualquer forma, seja o responsável pelo canal um recurso interno ou externo, deverá haver uma pessoa que seja o ponto central de contato e de gestão do processo de recebimento das denúncias, triagem e distribuição das investigações. Normalmente essa responsabilidade fica com um profissional de compliance, da auditoria interna, da ouvidoria ou do departamento jurídico, por conta da natureza confidencial do tópico.

O primeiro passo ao se receber – interna ou externamente – uma denúncia é registrá-la em um sistema de controle dos contatos, que pode ser desde uma planilha MS-Excel até um sistema dedicado. O maior cuidado a se tomar é sempre garantir a confidencialidade dos dados registrados, independentemente da forma de registro. Esse registro é mais um dos pontos de formalização e documentação do funcionamento do seu programa de compliance.

Segue-se então ao passo de triagem do contato, que pode ser uma denúncia de crime, fraude ou má-conduta, pode ser apenas uma dúvida sobre algum aspecto do programa de compliance ou uma de suas políticas ou, e talvez o tópico mais comum, um problema de recursos humanos (*employee relations* como conhecido nos EUA). Para cada tipo de contato deve haver a previsão de um ponto de contato e de um processo de transferência das informações sobre o contato (para uma organização dos diferentes tipos de fraudes consulte a *Fraud Tree* do ACFE[16])

Neste momento você pode perguntar se é melhor criar canais diferentes para os tipos diferentes de contatos, e a resposta é uma que se faz constante neste livro (e na vida real) – "depende" – depende do momento da sua empresa, da maturidade do seu programa, da maturidade de sua força de trabalho e de outros fatores internos. No final das contas a pergunta relevante é "quero dar mais ou menos trabalho para quem deseja fazer um contato com a empresa?", pois lembre-se que se houver diversos canais a serem contatados, o trabalho de decidir qual o mais adequado fica com o funcionário e isso pode afetar – negativamente – a jornada do denunciante.

Espere por "frustrações", pois muitos serão os contatos recebidos no canal de denúncia que serão realizados de forma incompleta, com pouca informação e muita emoção, sem dar detalhes suficientes para que uma investigação possa ser iniciada. Mas, lembre-se, se de 1.000 contatos recebidos apenas um resultar em um caso investigado com mérito que tenha levado à melhoria do programa de compliance ou à eliminação de uma maçã podre de dentro da empresa, houve progresso e benefício.

Comunique, comunique, comunique sobre o canal, e sempre reitere a política de Não-Retaliação, que deve ser parte integrante do seu programa de Compliance.

Confidencialidade, por que é tão importante durante todo o processo de acolhimento da denúncia e investigação?

- Danos à reputação de alguém, se outros souberem das alegações

- O sucesso da investigação pode ser prejudicado

- O objeto da investigação poderia tentar encobrir qualquer má conduta

- A empresa poderá enfrentar publicidade negativa

- A capacidade da empresa para defender qualquer ação legal poderia ser comprometida

- A divulgação da informação poderia causar retaliação

Investigação de, e respostas para, condutas inconsistentes com os objetivos do programa

Uma investigação é um exercício de averiguação de FATOS. Investigações devem determinar, de forma plena e com credibilidade, o QUE aconteceu em relação a um problema – se, de fato, houve uma conduta imprópria ou não, quais foram as circunstâncias, QUEM estava envolvido, e se uma violação de leis ou políticas internas ocorreu.

Investigações devem ser percebidas como tendo sido rigorosas, independentes e analíticas.

IMPORTANTE: a discussão abaixo estará focada nos casos rotineiros de investigações que são realizadas nas empresas. Casos que são, mais comumente, simples e que não requerem envolvimento de especialistas externos. Lembre-se as grandes investigações de FCPA pelo DOJ/ SEC, ou as operações da PF são exceções e, se tudo der certo na sua vida profissional, você não passará por uma delas. Mas é importante saber como ficar de olho e perceber quando uma investigação rotineira pode passar a ser uma investigação gigantesca e de altíssima complexidade.

Uma investigação eficaz protege os interesses da Companhia e dos seus acionistas por meio da prevenção e detecção de má conduta, de uma razoável garantia de que as atividades da Companhia estejam de acordo com as leis e regulamentações aplicáveis e, também, identificando áreas de melhoria para as operações internas.

Para citar apenas alguns benefícios de uma investigação devidamente conduzida:

- Minimização de riscos

- Identificação de pontos fracos nas operações

- Remoção de certos indivíduos da empresa

- Recuperação de ativos da empresa que foram perdidos por causa da má conduta

- Obtenção do processo criminal dos envolvidos

- Proteção da imagem pública da empresa e sua reputação

- Preparação para litígios cíveis ou penais envolvendo a empresa

Uma investigação não pode ser realizada apenas para se descobrir fatos suficientes para 'marcar uma lista de atividades' ou apenas para registrar que o incidente ocorreu.

Pensando de forma integrada, como deve ser a rotina do profissional de compliance, o ANTES e o DEPOIS de uma investigação podem ser considerados mais importantes para o Programa de Compliance do que a execução da investigação propriamente dita. Isto se deve ao fato de que as investigações servem para identificar as maçãs podres dentro da companhia e extirpá-las do ambiente, facilitando assim que aqueles funcionários que, porventura, estivessem visualizando as fraudes e/ ou más-condutas acontecendo, entendam que a companhia não tolera estes tipos de comportamento.

Lembre-se que a absoluta maioria dos funcionários da empresa não é nem bom nem ruim, mas são seres humanos que, dadas as devidas condições, decidirão a sua forma de agir – aqui volta-se ao exemplo diário por meio de ações, e não somente palavras, como sendo a mais forte ferramenta, ou componente, de um programa de compliance efetivo. Assim, lembre-se de que uma maça podre no meio de seu quadro de funcionários poderá, se o ambiente assim o permitir, contaminar a todas as outras maçãs. Garanta que, ao identificar as maçãs podres, elas sejam extirpadas.

O Triângulo de Fraudes

Vale citar aqui o Triângulo de Fraudes[13] – um conceito criado por Donaldo R. Cressey e Edwin Sutherland – resume os fatores causais que devem ser removidos para que se evite uma fraude. São três estes fatores:

1. **Pressão ou Motivação** – descreve a necessidade de se cometer a fraude (como problemas com dinheiro, jogos, vícios, metas muito irreais)
2. **Racionalização** – aquilo que leva o fraudador a justificar a realização da fraude (ou a "desculpa" que ele dá a si mesmo, e a outros, para explicar suas ações de forma a minimizá-las e se sentir melhor)
3. **Opportunidade** – a realidade dos processos, sistemas da empresa, além das atribuições e poderes dados ao fraudador

Para se minimizar os riscos de fraudes a empresa deve quebrar o triângulo de fraude, removendo um de seus componentes.

A remoção do fator pressão está, parcialmente, nas mãos da empresa quando se trata de pressão por resultados que são irreais, ou em casos nos quais as recompensas pelo atingimento de objetivos são excessivamente altas. Também, e por isso cito que as ações "antes" e "depois" da investigação são importantes para o programa de compliance, há as pressões dos pares para que os funcionários mantenham certos status-quo – ou em uma linguagem mais dura e direta sejam parte da máfia, do grupo, da família, do jeitinho – e isto torna a condução de investigações e a aplicação de sanções de forma consistente e firme mais importantes, pois a leniência com os comportamentos inadequados vai servir de combustível para a próxima perna do triângulo, a racionalização. Contudo as pressões externas, particulares, não estão nas mãos da empresa.

A remoção do fator racionalização também fica apenas parcialmente nas mãos da empresa, pois há racionalizações puramente particulares, quando um funcionário frauda ou rouba para dar mais oportunidades ou comida a seus filhos, por exemplo. Mas, como citado no parágrafo anterior, uma parte da racionalização que pode sim ser influenciada pela empresa advém de os funcionários perceberem que "é assim que as coisas são feitas aqui", ou "veja que quem é promovido é sempre aquele que ´dá um jeitinho´". Por isso reitero que as ações derivadas de uma investigação devem ser sempre consistentes e efetivamente aplicadas.

A remoção do fator oportunidade talvez seja a mais simples para as empresas, e sem me alongar demais, passa pela implementação de uma adequada estrutura de controles internos que garantirá segregação de funções, aprovações e revisões por níveis hierárquicos distintos da execução das operações e outros aspectos relacionados a um processo de gestão de riscos e controles internos padrão.

A Investigação

Como já citado acima uma investigação é um apanhado de fatos para se corroborar, ou não, uma denúncia e, sendo possível, identificar detalhes sobre o que, o como, o quem, o motivo, o quando etc. Ou seja, uma investigação não é uma oportunidade para se criar um clima de vingança contra outros funcionários, não é uma oportunidade para se instaurar um estado de sítio dentro da empresa, não é uma oportunidade para um funcionário agir como se estivesse em um filme policial ou em um dos seriados CSI. Lembre-se sempre, você estará investigando seus colegas de trabalho, pessoas que, até que se prove o contrário, são inocentes.

Definindo o investigador

Assim, logo após o recebimento e triagem das denúncias passa-se ao momento de se definir o investigador a ser designado ao caso. Há diversas possibilidades para que cada empresa implemente este processo, mas podemos definir três grandes categorias:

- **Equipe dedicada de investigadores internos:** Normalmente empresas que já contam com uma operação mais propensa a necessitar de times dedicados, ou que tenham um histórico de alto volume de investigações acabam optando por ter uma equipe dedicada e especializada. Há empresas com massa crítica suficiente para isso, mas são raras.

- **Investigador designado:** Diferentemente do caso acima, e o caso da maioria das empresas, colaboradores de áreas já afeitas a processos de verificação/ auditoria/ monitoramento (como Auditoria Interna, Finanças, Compliance, Jurídico, RH) são designados, a depender do tipo de caso, da disponibilidade dos funcionários e da complexidade da investigação, a realizar os trabalhos de investigação.

- **Equipe terceirizada especializada:** Normalmente utilizada quando não há nenhum recurso interno com a disponibilidade ou com a capacitação necessárias para a realização da investigação. O uso destas equipes é mais comum quando da realização de investigações mais complexas/ críticas e que requerem, além de conhecimento técnico especializado, procedimentos mais robustos de obtenção, guarda, análise e reporte dos resultados. Nestes casos é bastante mais comum, e talvez indicado, que a contratação seja realizada por meio de um escritório de direito que auxilia a empresa na realização das investigações, visando garantir o adequado sigilo do processo, entre outras razões.

Como a grande maioria das empresas acabará por trabalhar com equipes investigadores designados, falemos um pouco de como deve ser o processo de escolha do profissional a quem será delegada a tarefa de investigar um caso.

Inicialmente a preocupação deve ser a relação entre o tipo de caso que será investigado e a experiência e capacitação do investigador. Deve-se buscar um equilíbrio para que o processo seja o mais eficiente possível. Assim, para casos relacionados a assédio (moral ou sexual) deve-se buscar um investigador com experiência em gestão de pessoas e/ ou conflitos, como um profissional da área de Recursos Humanos. Se o caso for de desvios de recursos financeiros – seja nas áreas de compras ou nos processos de reembolsos de despesas – um profissional com experiência prévia em auditoria, controles internos ou contabilidade seria o mais indicado.

Há diversas outras variáveis que precisam ser pesadas ao se definir um funcionário como investigador designado além do tipo de caso e experiência do investigador. Dentre estas variáveis podemos citar:

- O profissional terá o tempo necessário para se dedicar à investigação?
- Há algum conflito de interesses entre o profissional e o tema, ou o objeto, da investigação?
  - o Cabe citar que uma boa prática é de sempre solicitar ao investigador que declare, antes de iniciar a investigação, se existe algum conflito de interesses real ou aparente que o impediria de realizar um procedimento de investigação imparcial
- Características pessoais/ profissionais necessárias para a realização de uma boa investigação, incluindo, mas não se limitando a:

  - o Ceticismo para poder avaliar as informações obtidas de forma isenta e com a capacidade de se avaliar diferentes cenários

  - o Profissionalismo, Discrção, Integridade e Respeito para que possamos garantir que nem o investigador, nem o investigado, sejam tratados de forma inadequada no decorrer da investigação

  - o Independência completa

  - o Competência técnica e conhecimento das operações em questão para que seja possível realizar análises das informações obtidas e entender as ramificações dos fatos

  - o Objetividade e Imparcialidade para que não exista um julgamento prévio de culpa ou inocência que causaria um viés completamente inadequado durante a investigação

  - o Dedicação para que a investigação seja o mais célere possível

Na realidade o mais comum é que os profissionais das áreas de compliance, auditoria, controles internos, finanças/ controladoria, jurídico e recursos humanos sejam aqueles utilizados como investigadores.

Após decidido quem será o investigador este deverá receber o conteúdo da denúncia na íntegra para poder iniciar seu trabalho, e uma boa prática é que se determine um prazo inicial para conclusão da investigação – que, muito provavelmente, será revisto.

O Plano de Investigação (*Planning Memo*)

O primeiro passo a ser realizado pelo investigador é a elaboração de um plano de investigação (*planning memo)* que servirá como o guia das atividades a serem realizadas e que deverá ser mantido vivo durante todo o processo, pois a cada passo da investigação novas informações podem ser descobertas e estas podem levar a uma necessidade de revisão do plano de investigação.

Há diversas formas de se elaborar um plano de investigação, desde uma simples lista em papel, passando pelo uso de MS-Excel ou MS-Word e até com o uso de *mind maps* (para alguns bons exemplos use os recursos do website da ACFE [14]).

Normalmente um plano de investigação contempla as seguintes informações:

- Conteúdo da denúncia dividido em tópicos
- Perguntas em aberto que não podem ser respondidas apenas com a leitura da denúncia
- Possíveis cenários (seja completamente aberto a todos os cenários possíveis)
- Lista de pessoas "acusadas", ou em uma linguagem mais neutra, "sujeito da investigação"

- Uma lista prévia de pessoas a serem entrevistadas, a ordem inicial das entrevistas, e em que papel cada uma será abordada (acusado, testemunha, especialista técnico etc)
- Uma lista dos documentos a serem avaliados, especificando também a fonte da informação
- Gatilhos para o envolvimento do departamento jurídico (casos FCPA, crimes, casos graves de assédio etc)
- Documentação de Guarda/ Custódia de documentos

Importante citar que deve ser prerrogativa do investigador o envolvimento de outras pessoas na investigação, de acordo com a necessidade e sempre se mantendo o menor número possível de pessoas envolvidas. Em todos os casos é obrigatório reiterar não somente a confidencialidade do tema, mas também a política de não retaliação da sua empresa.

Nem todos os envolvidos em uma investigação precisam conhecer os detalhes da denúncia, tampouco o nome dos investigador. Um especialista técnico, por exemplo, que precisa apenas analisar alguns documentos ou transações para avaliar se estes cumprem os requisitos das políticas internas, ou leis, não precisa conhecer os detalhes do caso.

Eu, particularmente, entendo ser de extrema importância que NÃO se comunique aos superiores dos investigados que eles estão sendo investigados, e cito dois motivos para isso. O primeiro é que os superiores podem estar envolvidos no caso investigado e a informação pode fazer com que eles dificultem os trabalhos de investigação, e o segundo tem a ver com o fato de que o acusado pode ser completamente inocente e não queremos que os seus superiores fiquem com reservas ("com a pulga atrás da orelha") em relação ao colaborador e que acabem perdendo a confiança no mesmo.

Entrevistas

Chegada a hora de se realizar, de fato, a investigação haverá entrevistas a serem realizadas, documentos a serem analisados, e essas atividades são extremamente complexas e não cabe a um livro introdutório como este tentar discutir este tema. É um daqueles domínios em que o termo "cada caso é um caso" cabe de forma perfeita. Contudo, creio que vale a pena discutir alguns pontos mais importantes em relação ao que muitos acham ser a "cereja" do bolo da investigação, a parte "nobre" do processo, mas que é, na verdade, a etapa mais mal compreendida e, potencialmente, a mais perigosa do fluxo, que são as entrevistas.

Iniciemos com as três regras de ouro de qualquer entrevista:

Regra no1: Você precisa do entrevistado!

Regra no2: Você precisa do entrevistado!

Regra no3: "Zero-dois, traz o saco!" é filme!

De forma séria: o entrevistado é alguém que é seu colega de empresa, é uma pessoa, trate-o de forma respeitosa sempre. Além disso, é a pessoa que vai te ajudar a concluir o seu trabalho.

Outra coisa muito importante: esqueça aquele monte de técnica sobre "dicas" visuais (olhou para a esquerda é "lembrar", para a direita é "inventar", ou vice-versa), esqueça sobre postura, esqueça sobre tom da voz. Tudo isso é sim "indicador" de comportamentos, mas, a menos que você seja devidamente treinado em como interpretar esses indicadores, e que você trabalhe com isso como sua atividade principal, você não saberá utilizar os indicadores de forma correta e focará esforços em áreas inúteis, pois além de extremamente difíceis de se interpretar, essas dicas são muito sutis. Então, deixe de lado esse monte de inutilidade. Se você quiser mais informações sobre este tópico, leia e/ ou assista uma especialista no assunto chamada Pamela Meyer.

Como regra geral as entrevistas deverão servir para (a) te trazer novas informações que lhe são, até então, desconhecidas ou (b) corroborar informações já conhecidas. Assim, não existe motivos para se conversar com pessoas que não trarão (a) ou (b). Quanto menos pessoas precisarem ser entrevistadas melhor, pois há menor chance de vazamento de informações, menor chance de se perder tempo em tópicos não relacionados ao caso principal e menor impacto no dia-a-dia da empresa.

Também como regra geral o acusado, e apenas se for necessário entrevistá-lo(*), deverá ser o último entrevistado do processo. E o entrevistador/ investigador deverá saber mais que o entrevistado.

> *(*) Nem sempre precisamos entrevistar o acusado, não existe obrigação para isso. Dois exemplos simples para ilustrar casos em que não entrevistamos o acusado é quando a investigação já comprovou a inocência do acusado, ou a improcedência da denúncia. Pode-se perguntar "mas não temos que dar o direito ao contraditório?, provavelmente não, pergunte ao seu departamento jurídico. Mas lembre-se que, por vezes, a decisão de se demitir um funcionário sem justa causa pode ser o resultado de uma investigação. Neste caso, se você contatou o funcionário antes, para entrevista, pode ser que ele entre com uma ação contra a empresa por danos morais, por exemplo.*

Uma entrevista bem sucedida é aquele que tem um objetivo claro, que foi bem planejada, que foi conduzida em um ambiente calmo e neutro, que é realizada sem pressa nem interrupções e que propicie um ambiente seguro para o entrevistado.

Assim, como algumas dicas temos:

- O investigador deverá estar muito bem preparado
  - o Deve ter revisado todo o material já disponível
  - o Deve saber exatamente o que quer obter do entrevistado
- O ambiente (escolha do local) deve levar em conta
  - o A duração da entrevista
  - o Que interrupções não aconteçam
  - o Ter acesso a água/ comida/ banheiros
- Deixe claro ao entrevistado o objetivo da entrevista
  - o Seja honesto, mas não voluntarie mais informação do que o necessário
  - o Explique a ele que você precisa da ajuda dele e que ele é livre para sair da entrevista se assim o desejar
  - o Sempre relembre sobre a confidencialidade e a política de não-retaliação
- Quanto ao número de participantes
  - o Deve ser o menor possível
    - Nunca entrevistar duas pessoas ao mesmo tempo para que não exista razão para que um entrevistado "segure" alguma informação que ele não está confortável em compartilhar na frente de outras pessoas
    - Do lado do entrevistador pode haver uma pessoa para tomar notas,
      - o que permitirá ao entrevistador manter o foco em fazer as perguntas e ouvir o entrevistado, demonstrando interesse e empatia
      - Importante que o "tomador de notas" não interfira na condução da entrevista
- Não julgue o entrevistado
- Não prometa o que não pode cumprir
- Não ameace o entrevistado

- Não aponte precocemente inconsistências nas informações disponibilizadas (a menos que isto sirva para obter mais informações) deixe que a pessoa conte sua história
- Se houver resistência de parte do entrevistado explique a ele que:
  - o Este é um processo da empresa para se apurar a "verdade"
  - o Que ele é livre para sair ou ficar calado, mas que esta talvez seja a melhor chance que ele tem de contar a história dele
  - o Coloque-se a seu lado (sem mentir ou prometer o que não pode cumprir)

Durante o processo de investigação há uma questão que precisa ser cuidada de forma muito racional e com o devido cuidado: "as buscas". Sejam buscas em equipamentos, caixas de email, armários, gavetas, celulares etc, todas elas podem, potencialmente, passar de um procedimento correto, previsto e devidamente realizado, para uma invasão de privacidade e/ ou abuso de (pequeno) poder.

Durante uma investigação 'pode' ser necessário que sejam realizados estes tipos de buscas – na verdade, é muito provável que sejam necessárias – mas elas devem ser sempre baseadas em alguns pilares:

- Vida pessoal é vida pessoal
- Equipamentos, sistemas, salas, gavetas de trabalho são da empresa
  - o Desde que essa propriedade seja claramente documentada e comunicada aos funcionários, seja em políticas claramente documentadas e comunicadas, seja nos contratos de trabalho ou, ainda, em contratos específicos quando da disponibilização de cada equipamento passível de ser 'buscado'
- Deve haver um motivo justo para a busca
  - o Não se pode, simplesmente, sair por aí pedindo acesso a contas de email de qualquer funcionário da empresa,

por exemplo. Se a busca é necessária ela deve ser sustentada por uma hipótese no seu plano de investigação

- A empresa deve ter um procedimento que garanta, da forma mais simples possível, que ninguém na empresa tenha a capacidade de, sozinho, ou de forma arbitrária, obter acesso aos itens citados anteriormente (especialmente os membros do departamento de TI da empresa)
    - Um exemplo simples seria um processo pelo qual quando um investigador solicitar, por exemplo, ao departamento de TI acesso ao email de um funcionário o investigador precise enviar uma solicitação com o código de identificação da investigação, e esta solicitação (que contém além do código o objeto da busca) ser validado pelo responsável pelo canal de reporte (que sabe o objetivo da investigação e poderá avaliar se a solicitação é adequada).

Na dúvida, sempre obtenha o suporte do seu departamento jurídico.

O Relatório

Uma investigação precisa ser documentada e a forma mais comum, não a única, de fazê-lo é a elaboração de um relatório detalhado do processo investigativo. Um relatório é, de forma bastante direta e simples, um apanhado de FATOS, que deve ser inteligível, de fácil leitura para todos os potenciais recipientes – que podem ou não ser técnicos em investigação/ compliance, direto sem perder o conteúdo prinicipal (informações acessórias podem se tornar anexos se forem de extrema importância para o entendimento do relatório) e deve preservar as identidades daqueles que não precisam ser diretamente citados no relatório.

Normalmente, as seguintes seções devem estar presentes em um relatório de investigação:

– Resumo da denúncia
– Resumo do teor de documentos internos, como políticas e procedimentos, relevantes para o entendimento da denúncia (ou uma forma de se deixar claro o porquê de a denúncia ser relevante)
– Lista dos envolvidos (acusados/ investigados/ objetos)
– Histórico dos envolvidos como: tempo de casa, performance, advertências anteriores etc
– Um sumário executivo do conteúdo do relatório
– O resultado da investigação em relação à denúncia (ou a cada componente da denúncia se a mesma for composta de mais de um ato de fraude/ má-conduta)
    o Normalmente os resultados são divididos em algo como:
        ▪ Mérito/ Mérito Parcial/ Sem Mérito/ Inconclusivo
– Uma explicação breve dos métodos utilizados na investigação
– Detalhes das entrevistas e análises documentais
    o Cabe citar que uma boa prática e não se listar nomes de pessoas entrevistadas para que se preserve a confidencialidade/ anonimato das mesmas (a lista detalhada com os nomes, datas etc pode ficar nas mãos do responsável pelas investigações se for necessário posteriormente)
– Se o resultado da investigação envolver processos ou sistemas com falhas (que levaram a, ou facilitaram a fraude/ má-conduta), uma seção sobre melhorias de processos/ sistemas pode ser incluída
– Anexos conforme necessidade

Também, em relação à forma como os relatórios são escritos (linguagem em si) algumas dicas simples são:

– Linguagem completa mas concisa - Evite sentenças longas

- Evite verbos "auxiliares" desnecessários: ao invés de "João **me** deu explicações sobre", "João explicou sobre"
- Seja literal, use termos simples e rotineiros
- Evite siglas
- Use voz Ativa: ao invés de "João foi por mim entrevistado", "Eu entrevistei João"
- Evite pronomes – use nomes mesmo que pareçam repetitivos
  o Exemplo, ao invés de "João me contou que ele disse a Pedro para ele ir embora. Ele disse que não se lembra de ter visto o documento", use "João contou que disse para Pedro ir embora. João não se lembra de ter visto o documento"
- Sem "emoção" – ou seja, evite termos para os quais a interpretação de seu significado dependam da pessoa que os lê, exemplos a evitar:
  o Muitas vezes, quase sempre, excessivamente …
- Use diagramas para resumir informações de padrões complexos (movimentações financeiras, por exemplo)

Lembre-se que o relatório pode se tornar peça de processos legais e, por isso, todo o cuidado com sua elaboração é importante.

Também muito importante: não coloque no relatório nenhuma opinião legal sobre culpa/ inocência. Um bom relatório faz o leitor chegar à conclusão de forma natural e inequívoca.

Distribuição do relatório e encerramento do caso

Como citado anteriormente, os momentos anteriores e posteriores à investigaçao são extremamente importantes para o programa de compliance como um todo, pois é quando a empresa pode demonstrar sua seriedade e consistência no tratamento das exceções e nas sanções aplicadas àqueles que cometeram uma falta (erro ou má-conduta) e que devem sofrer uma sanção, ou consequência.

Então devemos discutir o papel do responsável pelo programa de compliance nesta etapa que se inicia na análise da qualidade do relatório, e da investigação, para que se possa ter certeza de que o processo foi adequado e não apenas "para inglês ver".

O responsável pelo programa de compliance também deverá garantir que exista um grupo de profissionais que serão responsáveis por avaliar os resultados das investigações e decidir quais as ações que deverão ser tomadas e não deixar essa decisão na mão de uma pessoa apenas, que poderia ser parcial. Normalmente esse grupo recebe denominações como 'comitê de ética', 'comitê de consequências' ou similares (eu, particularmente, tenho aversão a comitês de 'ética', pois parece que são pessoas que têm a pretensão de serem mais que os outros colegas, de serem os guardiões da moral e do bom costume. Sempre serei a favor do termo 'conduta' quando se pensar em utilizar 'ética'). A composição deste grupo tem como boa prática a inclusão dos responsáveis pelas práticas de governança da empresa, sendo comum que se convide os *heads* das áreas de compliance (como *chair*), jurídico, recursos humanos e finanças como membros permanentes e como convidados inclui-se o supervisor do investigado e o investigador.

Este grupo será responsável por analisar o conteúdo do relatório, analisar casos passados semelhantes e o que se tomou de providência em relação a cada caso, avaliar o histórico do investigado e então uma decisão será tomada com base nesse rol de informações. Também deverá estar na agenda deste comitê a discussão da necessidade de se implementar ou não alguma mudança no programa de compliance, na estrutura de controles internos ou nos sistemas da empresa para evitar que o mesmo problema volte a ocorrer.

Se for necessário escolher qual é a função principal deste comitê, poderia-se dizer que é "garantir a aplicação de sanções homogêneas para casos iguais e garantir consistência na mensagem do programa de compliance da empresa".

Cabe citar que o histórico do investigado deveria servir muito mais para se 'agravar' uma pena, e praticamente não deveria ser utilizado para 'atenuar' uma pena. O motivo para essa diferença é que não devemos correr o risco de 'passar a mão na cabeça' de pessoas que conseguem resultados ótimos, mas que o fazem de formas ilícitas, imorais, ilegais ou anti-éticas. Assim, nunca aceite nem discutir algo que comece com a seguinte frase "mas ele é um ótimo vendedor".

Também, quando um ofensor é de um cargo alto na empresa, como um diretor, é comum que as sanções para este ofensor sejam mais fortes, pois, além da comissão da ofensa em si o profissional deixou de cumprir uma função fiduciária sua, que é a de servir como exemplo para os outros profissionais. Neste caso sou a favor de um agravante ser aplicado.

A cada passo da investigação (entrega ao investigador, entrega do relatório, decisão do comitê, aplicação da decisão) é de extrema importância que se atualize a documentação de registro da denúncia/ investigação. Não somente é uma prática necessária para que se possa realizar o monitoramento do funcionamento deste pilar do programa de compliance, mas também é importante para que as denúncias não passem em branco e impactem de forma negativa o seu programa de compliance.

Importante citar que **o responsável pelo programa de compliance não é quem decide ou aplica as sanções,** o papel do compliance officer é o de garantir que as discussões necessárias ocorram e não derivem para assuntos irrelevantes(*), que o foco da discussão seja mantido no que é relevante, que as decisões sejam consistentes e homogêneas e que as decisões sejam efetivamente aplicadas.

> (*) *passei por uma experiência em que discutíamos o caso de um supervisor que assediava uma funcionária, tendo passado a parar em frente a sua casa, atormentá-la com mensagens de celular durante uma madrugada inteira e algumas outras ações que foram todas comprovadas. A investigação foi*

simples, permitiu evidenciar todas as alegações e a decisão a ser tomada era clara – a demissão do funcionário. Durante as discussões alguém vocifera "mas dizem que a funcionária havia sido uma garota de programa" e, como você pode esperar, algumas pessoas começaram então a racionalizar que o funcionário então podia ser desculpado, enquanto outros aventaram a possibilidade de termos que demitir a funcionária. Vejam que essa situação era completamente o que não deveria acontecer. Dois presentes na reunião, eu incluído, deixamos bem claro que (a) não havia relevância para o caso em questão o passado 'alegado' da funcionária, pois o seu supervisor havia, claramente, descumprido uma política da empresa e (b) que aquele passado da funcionária, em sendo verdade, era completamente irrelevante para a discussão.

Devo comunicar ao denunciante o resultado da investigação?

Não! Ou melhor, devemos apenas comunicar que o processo está em andamento ou que o processo foi finalizado e as devidas ações foram tomadas, mas não devemos dar nenhum detalhe sobre o resultado da investigação para o denunciante e há diferentes razões para isso, apenas para citar algumas:

- Existe o risco de o denunciante discordar do que foi decidido pela empresa
- O denunciante, por vezes, é anônimo e não é possível conversar com alguém que você não sabe quem é
- Há o risco de que essa comunicação esteja sendo realizada para que o denunciante obtenha alguma informação para ser utilizada em uma ação trabalhista

Além do que se comunicar ao denunciante há também uma preocupação em relação ao que se comunicar à empresa como um todo. É preciso lembrar que não se pode divulgar os detalhes das investigações e ações tomadas para se preservar os funcionários envolvidos. Mas isso pode gerar um problema – a probabilidade de isto vir a ser um problema em sua empresa dependerá de diversas variáveis específicas ao momento da sua empresa – que é a sensação de inércia da empresa em relação às denúncias. Muitos funcionários podem achar que nada foi feito em relação a uma denúncia, mas os funcionários esquecem que há uma dezena de diferentes ações possíveis em resposta a uma denúncia substanciada – e nem estamos falando de todas as denúncias que não foram substanciadas – que vão desde uma simples ação de comunicação, retreinamento ao funcionário envolvido, advertência verbal, advertência escrita, demissão, suspensão de uma promoção, suspensão de recebimento de bônus e outras. Veja que a maior parte das ações é "invisível" aos funcionários e eles acabam por achar que nada é feito (sim, há uma certa sede de sangue por parte das pessoas). Assim, é extremamente importante que ao se comunicar sobre o canal de denúncias e sobre investigações sejamos muito claros em explicar o funcionamento de todo o processo e isto deve ser repetido quantas vezes for necessário para que se crie o entendimento e suporte ao processo.

Uma possível alternativa para que se minimize o risco das pessoas acharem que existe uma falta de ação por parte da empresa seria a comunicação dos resultados das investigações, de forma não identificada, a toda a companhia. Esta comunicação traria um resumo numérico das quantidades de casos, tipos, resultados, tipos de sanção aplicados e também traria um "detalhamento" com informação trabalhada para que as pessoas tenham uma ideia dos casos com descrições claras que não permitam que as pessoas identifiquem os investigados a menos que elas tenham sido as denunciantes, e estas teriam uma certa 'certeza' de que aquele caso foi o que ela denunciou. Mas isso é algo muito específico de empresa para empresa e deve ser muito bem trabalhado junto aos departamentos de recursos humanos e jurídico.

Melhoria contínua

Não é preciso escrever muito sobre a melhoria contínua do programa de compliance. O importante aqui é que o seu programa de compliance 'responda' à realidade da sua empresa. Sempre que for identificada uma novidade, uma mudança no ambiente externo ou interno, um novo modelo de negócios, uma fraude ou um caso de má-conduta que demonstre fraquezas no programa, um resultado de auditoria interna ou externa, ou qualquer outra razão que o leve a pensar se é necessário ou não rever o seu programa de compliance **FAÇA-O!**

Obviamente, é importante que seja planejada uma reavaliação formal periódica, que pode ser realizada junto à análise de riscos, mas nunca se prenda a essa data. O seu programa de compliance é tão efetivo quanto for capaz de lidar com a realidade corrente da sua empresa e do seu ambiente.

A melhoria contínua pode ser discutida e documentada durante o processo natural de comunicação com sua diretoria/ conselho, e pode ir desde simples mudanças em um termo utilizado em uma política ou treinamento, até a total revisão do seu código de conduta – felizmente 99% das mudanças necessárias são as mais simples.

E lembre-se: **Documente tudo sempre!**

Referências e bibliografia

(1) 2010 Federal Sentencing Guidelines Manual

http://www.ussc.gov/guidelines-manual/2010/2010-chapter8

(2) COSO Enterprise Risk Management – Integrated Framework, Executive Summary

http://www.coso.org/documents/coso_erm_executivesummary.pdf

(3) FCPA – Foreign Corrupt Practices Act dos Estados Unidos

http://www.justice.gov/criminal-fraud/foreign-corrupt-practices-act

(4) UKBA – United Kingdom Bribery Act

http://www.legislation.gov.uk/ukpga/2010/23/contents

(5) Lei 12.846 – Lei da Empresa Limpa do Brasil, ou Lei Anticorrupção

http://www.planalto.gov.br/ccivil_03/_ato2011-2014/2013/lei/l12846.htm

(6) Corruption Perceptions Index – Transparency International

http://www.transparency.org/research/cpi/overview

(7) A Compliance & Ethics Program on a Dollar a Day – How small companies can have effective programs, Joseph E. Murphy, CCEP

http://www.corporatecompliance.org/Portals/1/PDF/Resources/CEProgramDollarADay-Murphy.pdf

(8) Report to the Nations 2014 – ACFE Association of Certified Fraud Examiners, Figure 41

http://www.acfe.com/rttn/docs/2014-report-to-nations.pdf

http://www.acfe.com/rttn.aspx

(9) Guia Programas de Compliance – CADE

http://www.cade.gov.br/upload/Guia%20Compliance%20-
%20vers%C3%A3o%20preliminar.pdf

(10) Definição de "Conduta" pela Wikipedia

https://pt.wikipedia.org/wiki/Conduta

(11) Definição de "Ética" pela Wikipedia

https://pt.wikipedia.org/wiki/%C3%89tica

(12) The Simplest Possible Code of Conduct for Employees – SCCE's
Compliance & Ethics Professional – Jan/Feb 2012 edition

https://docs.google.com/file/d/0B3urh-
rElUxGYTQ4YmZkN2YtMjgwMi00YTQxLTk5MmMtMmNjMTlkMTk4YWY
w/edit?pli=1

(13) Fraud Deterrence and Fraud Triangle – Wikipedia

https://en.wikipedia.org/wiki/Fraud_deterrence

(14) Fraud Resources from the ACFE.com

http://www.acfe.com/fraud-resources.aspx

(15) Resources from SCCE – Society of Corporate Compliance and Ethics

http://www.corporatecompliance.org/Resources/SCCEResources/Librar
y.aspx

(16) Fraud Tree from the ACFE

http://www.acfe.com/fraud-tree.aspx

(17) Broken Windows Theory

https://en.wikipedia.org/wiki/Broken_windows_theory

(18) A função do compliance officer

http://www.corporatecompliance.org/Resources/View/ArticleId/750/Defining-the-Role-of-the-Chief-Ethics-Compliance-Officer-CECO.aspx

(19) Guia conjunto sobre o FCPA do DOJ e da SEC

http://www.justice.gov/criminal-fraud/fcpa-guidance

(20) TED Talk on how statistics fool the jury

http://www.ted.com/talks/peter_donnelly_shows_how_stats_fool_juries